Beck'scheReihe

BsR 1110

BsR

Über Erfolg oder Scheitern der Studentenbewegung herrscht heute zwar kein Einverständnis, aber von ihrer Bedeutung sind selbst ihre konservativen Gegner nach wie vor überzeugt. Ein *Langer Marsch durch die Institutionen* war der Weg, auf welchem die außerparlamentarische Opposition politischen Einfluß erlangen wollte.

Das Buch „Der lange Marsch durch die Illusionen" unternimmt einen unsentimentalen Rückblick, bei dem es weder um eine Chronologie dieser Jahre noch um eine Topographie der Frontverläufe geht, vielmehr um die kulturelle Identität der Revolte und ihre Folgen in der Kunst.

Dabei wird zunächst die Rolle der Kulturindustrie für die Entstehung des Protests untersucht, der hierzulande der Popkultur zum Durchbruch verhalf. In der Symbiose aus Revolte und Popkultur lassen sich Denkmuster wiedererkennen, die der modernen Kunst entstammen: Die Übertragung von Avantgarde-Konzepten aus der Hochkunst auf die Massenmärkte der Unterhaltungsgüter kommerzialisierte die *Ästhetik der Provokation,* der in der Revolte gleichzeitig eine politische Schlüsselrolle zukam.

Bei dieser Fusion von Popkultur und Protest hätte die avancierte Kunst leicht in eine Randposition geraten können, zumal ihr die Revolte nicht gut gesonnen war und ein weiteres Mal ihren Tod verkünden wollte: *L'art est mort, ne consommez pas son cadavre* las man im Pariser Mai '68 an den Wänden. Doch empfing gerade die zeitgenössische Kunst wichtige Impulse aus der Revolte. Sie werden in den Werken und Haltungen von acht Künstlern charakterisiert, nämlich Joseph Beuys, Markus Lüpertz, Olaf Metzel, Gerhard Richter, Jörg Immendorff, Hans Haacke, Jeff Koons und dem Aachener Mauermaler.

Walter Grasskamp ist Kunstkritiker und Professor für Kunstgeschichte. Bei C.H. Beck ist von ihm lieferbar: „Die unbewältigte Moderne. Kunst und Öffentlichkeit" (1989) und „Die unästhetische Demokratie. Kunst in der Marktgesellschaft" (1992).

WALTER GRASSKAMP

Der lange Marsch durch die Illusionen

Über Kunst und Politik

VERLAG C.H.BECK

Mit 22 Abbildungen

Die Deutsche Bibliothek – CIP-Einheitsaufnahme

Grasskamp, Walter:
Der lange Marsch durch die Illusionen : über Kunst und Politik / Walter Grasskamp. – Orig.-Ausg. – München : Beck, 1995
(Beck'sche Reihe ; 1110)
ISBN 3 406 39210 5
NE: GT

Originalausgabe
ISBN 3 406 39210 5

Umschlagentwurf: Uwe Göbel, München

Satz und Druck: Presse-Druck- und Verlags-GmbH, Augsburg
Gedruckt auf säurefreiem,
aus chlorfrei gebleichtem Zellstoff hergestelltem Papier
Printed in Germany

Inhalt

Einleitung

Mit der Studentenrevolte ist die Bundesrepublik von einer Generation geprägt worden, die sich viel vornahm: Der „Lange Marsch durch die Institutionen“ sollte für eine Umwälzung der politischen Verhältnisse sorgen und eine „Kulturrevolution“ die sozialen Verkehrsregeln humanisieren. Diese Generation ist längst historisch, und ihre Geschichte schreibt sie weitgehend selbst. Über Erfolg oder Scheitern der Studentenbewegung herrscht zwar kein Einverständnis, aber von ihrer Bedeutung sind gerade ihre konservativen Gegner nach wie vor überzeugt. In den folgenden Betrachtungen geht es weder um eine Chronologie dieser Jahre oder eine Topographie der Fronten, noch um die notorische Frage, welche der Splittergruppen letztlich recht hatte. Vielmehr geht es um die kulturelle Identität der Revolte und ihre Folgen in der Kunst.

Schon früh ist die Revolte als ästhetisches Phänomen abgehandelt worden, und zwar von Karl Markus Michel und Karl Heinz Bohrer, und bis zu der jüngsten einschlägigen Analyse von Klaus Laermann hat sich diese Betrachtungsweise erhalten, mit unterschiedlichen Ergebnissen freilich, insgesamt aber eher als eine marginale.[1] Bedeutung gewinnt sie jedoch schon allein dadurch, daß die gleiche Generation, die sich gegen die Politik der USA formierte, der Popkultur hierzulande zum Durchbruch verhalf. Diese Parallelität der Entwicklungen war keine zufällige, doch hat sich die Protestgeneration die unübersehbare Bedeutung der „Kulturindustrie“ (Horkheimer/Adorno) für ihr Ansehen und Selbstverständnis nur ungern eingestanden.

Ihrer kuriosen Mesalliance wäre kein Erfolg beschieden gewesen ohne die Mitarbeit der Medien, die, gleichsam als dritte Gewalt, der Verbindung aus politischer und ästhetischer Revolte Geltung verschafften. Was im Zeichen einer politischen Karriere wie der Berlusconis inzwischen Gemeingut geworden ist, war schon in den Jahren der Revolte absehbar, daß die Medien nämlich zwangsläufig verändern, worüber sie nur zu berichten vorgeben, die Inszenierungsformen von Politik. Die Medien statteten die Vertreter und Ereignisse der Revolte nicht nur mit Prominenz aus, sondern ermöglichten auch ihr spezifisches Charisma: Der institutionelle Wirkungsverzicht, wie er sich in der utopischen und außerparlamentarischen Orientierung artikulierte, konnte nur durch Medienresonanz aufgewogen werden.

Die prägende Rolle von Kulturindustrie und Medien ist allerdings nicht die einzige Irritation, die ein Rückblick bereithält. Verblüffend ist auch, wie in Revolte und Popkultur ästhetische Denkmuster überlebten, die der modernen Kunst entstammen: Die Übertragung von Avantgarde-Konzepten aus der Hochkunst auf die Massenmärkte der Unterhaltungsgüter kommerzialisierte die *Ästhetik der Provokation,* der in der Revolte gleichzeitig eine politische Schlüsselrolle zukam.

Bei dieser Fusion von Popkultur und Protest hätte die avancierte Kunst leicht in eine bedenkliche Randposition geraten können, zumal ihr die Revolte nicht gut gesonnen war und ein weiteres Mal ihren Tod verkünden wollte: *L'art est mort, ne consommez pas son cadavre.* Doch empfing gerade die zeitgenössische Kunst wichtige Impulse aus der Revolte. Ihr utopischer Charakter fand im öffentlichen Auftreten von Joseph Beuys eine viel beachtete Parallele, während sein Schüler Jörg Immendorff den Konflikt zwischen politischer Orientierung und künstlerischer Selbstverwirklichung in den Mittelpunkt seines Frühwerkes stellte. Motive und Protagonisten der Revolte fanden noch in den achtziger Jahren Eingang in die Kunst, etwa im Werk Olaf Metzels oder in dem prominenten Gemäldezyklus, den Gerhard Richter 1989 den Stammheimer Toten vom *18. Oktober 1977* widmete.

Wenige Künstler haben sich nach 1968 mit ihrem Werk so der Politik verschrieben wie Hans Haacke. Als Konzeptkünstler früh bekannt geworden, brachte ihn die überraschende Absage einer Einzelausstellung im Guggenheim Museum dazu, sich in der Folge auf die Rolle der Kunst in der „Bewußtseinsindustrie“ (Enzensberger) zu konzentrieren. Die Abhängigkeit der Kunst von ihren wahren und falschen Geschäftsfreunden, ihre ideologische Bedeutung für die ökonomische und politische Legitimation sowie ihre sonstigen Verwicklungen in Politik und Wirtschaft bilden seither Schwerpunkte eines Werkes, dessen Form maßgeblich von der ansonsten eher systemkonformen Pop Art beeinflußt worden ist.

Haackes künstlerische Kritik der Bewußtseinsindustrie fand ein Gegenstück in Werken von Jeff Koons, der in seiner Zweitverwertung der Pop Art die Affinität der Kunst zur Kulturindustrie forciert und gezielt ausgebeutet hat. Mit diabolischer Harmlosigkeit gibt er seither die Kapitulation der Kunst vor der Kulturindustrie als seinen persönlichen Triumph aus und zelebriert als wahren Charakter der Kunst ihren Warencharakter. In der Tat verleiht der Kunstmarkt jedem kritischen Werk auch den Status einer Handelsware; diesem Widerspruch, den Koons travestiert, kann sich nur entziehen, wer von vornherein außerhalb des kommerziellen Terrains antritt, wie etwa der Aachener Wandmaler. Mit seinen Gemälden, die nachts angebracht und meist wenige Tage später durch das Ordnungsamt wieder entfernt wurden, hat er ein eindrucksvolles Beispiel dafür geliefert, was politische Malerei sein kann, und nebenher die politischen Grenzen des öffentlichen Raumes ausgelotet.

Ein anderes, eher traditionelles Thema der politischen Kunst, das in der westdeutschen Nachkriegszeit aus einsehbaren Gründen keine Rolle gespielt hatte, ist in den siebziger Jahren im Werk von Kiefer, Immendorff und Lüpertz, aus höchst unterschiedlichen Werkzusammenhängen heraus, wieder aufgenommen worden, das Thema der *Nation* und ihrer spezifisch deutschen Problematik.[2] Nach der Wiedervereinigung war die offizielle Rückkehr dieser Thematik unvermeidlich, und es war ausgerechnet Haacke, der sich mit ihr an prominenter Stelle, nämlich im Deutschen Pavillon der Biennale Venedig, auseinanderzusetzen hatte. Eine werkbiographische und topographische Einordnung seiner Installation *Germania* charakterisiert einen Gegenpol zu den malerischen Positionen von Kiefer, Lüpertz und Immendorff.

Markierte Haackes *Germania* in der Auseinandersetzung mit der Wiedervereinigung einen Endpunkt des Zeitraums, den man für die Nachwirkung der Studentenbewegung ansetzen könnte, so fungiert Markus Lüpertz schon seit langem als ihr erklärter Gegenspieler. Die Gegenüberstellung des amtierenden Rektors Lüpertz mit Joseph Beuys ist nicht nur davon inspiriert, daß beide an dieselbe Institution, die Kunstakademie Düsseldorf, berufen worden sind, sondern vor allem von ihrem politischen und künstlerischen Kontrastreichtum. Er markiert den Spielraum einer *pittoresken Politik,* die vielleicht die größte Gemeinsamkeit der Revolte mit der Kunst gebildet hat.

In allen diesen Fällen geht es nicht um Kunst, die im illustrativen oder plakativen Sinn die Revolte begleitet hat, sondern um eine, die sich auf der Höhe ihrer immanenten Problematik mit dem Zusammenspiel von Revolte, Medien und Kulturindustrie auseinandersetzt. Diese drei Faktoren bilden die historischen und ästhetischen Koordinaten der *tour d'horizon,* die dieses Buch unternimmt.

Die große Maskerade

Kritik der Kulturrevolution

In den sechziger Jahren ist das kulturelle Gefüge Westdeutschlands auf eindrucksvolle Weise aus dem noch relativ frischen Leim gegangen. Die ästhetischen Nachkriegsrezepte verloren schneller an Gültigkeit, als man es in der Zeit des Wiederaufbaus hätte ahnen können. Was die restaurativen Parolen („Saubere Leinwand") anging, so konnte ihr Untergang kaum überraschen. Erstaunlich war jedoch, daß auch die zaghaften Experimente, die durch eine breite Rehabilitierung der modernen Kunst ermuntert worden waren, zügig ihr Ansehen einbüßten. In jenen Jahren nahm sich manche Programmschrift der Avantgarde bereits bei Erscheinen wie ein Nachruf aus, und mancher endlich herbeiprovozierte Höhepunkt der Anerkennung war schon der Schlußapplaus.

Die dynamische Oberflächensensibilität des Informel unterlag der plakativen Pop Art, und die Pioniere der elektronischen Musik wurden durch eine nur elektrisch verstärkte, aber zugleich experimentierfreudige und populäre Musik überspielt, die auch den Jazz zur Minderheitenmusik degradierte. Die kühle Lichtkunst „Zero", wie Nicolas Schöffers Raumleuchten als Vision einer urbanen Kunst der Zukunft gedacht, schwang sich dann doch nur zur notorischen Kunst-am-Bau auf, und der *degré zéro de la littérature* (Roland Barthes), an dem sie Maß genommen hatte, konnte die hochliterarische Erzählfreude nur eine Schrecksekunde des Zeitgeistes lang einfrieren. Kaum waren Franz Mon oder Eugen Gomringer als Exponenten der „Konkreten Poesie", kaum das „Prinzip Collage" über die Grenzen ihrer künstlerischen Soziotope hinaus bekannt geworden, kaum hatte das „Absurde Theater" die Fernsehanstalten erreicht – man erinnere sich, damals disputierte Hans-Geert Falkenberg mit Martin Esslin, Walter Boehlich, Ernst

Fischer und Theodor Adorno im kargen TV-Studio, das war möglich, bevor die *Talkshow* importiert wurde –, kaum hatte Suhrkamp das Werk Samuel Becketts hierzulande bekannt gemacht, wurde im selben Verlag die denkwürdige Werbeparole „Es wird wieder erzählt“ ausgegeben, womit die Postmoderne praktisch schon rechtskräftig wurde.

Nicht nur der Untergang der reaktionären Programme, auch der Einbruch der Nachkriegsexperimente muß auf Erleichterung gestoßen sein, etwa bei jenen, die sich mit nachlassender Überzeugung durch die Donaueschinger Musiktage gesessen und dabei den Verdacht entwickelt hatten, endlich sei eine Musik erfunden worden, die nur noch von Komponisten und Kritikern rezipiert werden wollte. Wer sich jahrelang für avantgardistische Veranstaltungen jedweden Zuschnitts tapfer die Fliege vorgebunden hatte, machte sich nun ein paar schöne Stunden und ging ins Kino.

Dort gaben allerdings auch nicht mehr die kultivierten Protagonisten des italienischen Neo-Realismus den Ton an, sondern die populistischen Zyniker des Italo-Western. Und ein Exponent der „Nouvelle Vague“, François Truffaut, befragte ausgerechnet den Krimi-Regisseur Alfred Hitchcock, dem man hierzulande allenfalls billige Tricks zugetraut hatte, ausführlich und respektvoll nach seinen Kunstgriffen. Michelangelo Antonioni ließ in „Blow up“ die Yardbirds auftreten und Jeff Beck seine Gitarre zertrümmern, Jean-Luc Godard hofierte die Rolling Stones – die Popkultur verdrängte, was sich als Nachkriegsavantgarde gerade hatte etablieren wollen.

Der Verschiebung der Werte in den Künsten entsprach eine in den Geisteswissenschaften. Die Literaturhistoriker bildeten die Vorhut. Früher als die Kunsthistoriker hatten sie ihre Verflechtungen mit dem Nationalsozialismus reflektiert, die Emigranten rehabilitiert und eine Methodendiskussion eröffnet. Ihrer Wortwahl war eine angenehme Ernüchterung anzumerken, weil nun von „Bauformen des Erzählens“ (Eberhard Lämmert) und „der Struktur der modernen Lyrik“ (Hugo Friedrich) die Rede war, von „Rezeptionsästhetik“ oder gar von den „nicht mehr schönen Künsten“ (Hans Robert Jauß).

Eine spektakuläre Revision galt der Einschätzung von „Schmutz und Schund“: 1961 hatte Walther Killy sein Buch „Deutscher Kitsch“, 1962 Wilfried Berghahn seine „Sozialpsychologischen Anmerkungen zum deutschen Schlager“ in den „Frankfurter Heften“ publiziert, und schon begann der Damm zu reißen, der bis dahin das Hochtal des literarischen Friedens vor dem Zustrom der Kulturindustrieabwässer bewahrt hatte. 1964 resümierte das Westberliner „Literarische Colloquium“ den Flurschaden erstaunlich gefaßt; ein Jahr später plädierte Helmut Kreuzer gar für die Preisgabe der „literarpolitischen Kampfbegriffe“ Kitsch, Schund und Trivialliteratur – nicht nur der avantgardistische Wertekanon, dem Hans Magnus Enzensberger 1962 seine Aporien vorgehalten hatte, auch der gutbürgerliche zerbrach.

Die Preisgabe der Kampfbegriffe begünstigte die Ablösung der Nachkriegsavantgarden durch die Popkultur, der wenig später auch die Studentenrevolte zuarbeitete. Deren Protagonisten verwarfen zwar hauptsächlich die bürgerliche Kultur, trugen aber auch kräftig zum Ansehensverlust der Avantgarde bei, die nun genau so alt aussah, wie sie es außerhalb der ästhetisch verspäteten Halbnation schon längst geworden war. Markantes Opfer dieser Entwicklung wurde das obligatorische Intellektuellen-Outfit der fünfziger Jahre, so die nüchtern und sensibel wirkende Kombination aus kurzgeschorenem Haar und ungefaßter Brille, die Alfred Andersch oder Peter Weiss propagiert hatten. Sie wirkte plötzlich so, als sei sie an der Ulmer Hochschule in einem Grundkurs „Konformismus für Nonkonformisten“ unter der Leitung von Max Bill entworfen worden. Statt dessen wurde nun ein anderer Nonkonformismus Mode; die neue Unfrisur sowie rund gefaßte Augengläser aus der Frühzeit der Sehhilfen signalisierten einen Generationswechsel.

Bis ins Straßenbild hinein dementierten die Studentenbewegten sowie die hierzulande Gammler geheißenen Hippies und das Fußvolk der Generationsopportunisten das Erscheinungsbild der Nachkriegszeit. Hatte in den fünfziger Jahren selbst ein ungelernter Arbeiter zur kleinbürgerlichen Generalimitation beigetragen, indem er seinen Henkelmann in einer Aktentasche in die Fabrik expedierte, so breitete sich nun ein klassenübergreifender, lässiger Trödelstil aus, wie ihn Sonny und Cher im Partnerlook vorlümmelten. Der neue Stil der Stillosigkeit unterlief die kleingeblümten Erziehungsideale der Eltern und ignorierte die diskriminierenden Werbekampagnen der Bekleidungsindustrie („Krawattenmuffel“, „Man geht nicht mehr ohne Hut“); der Konformitätsdruck der grauen Nachkriegszivilisation löste sich auf in der bunten Euphorie einer Protestgeneration, die zugleich als Avantgarde der Kulturrevolution auftrumpfte.

Rückblickend hat man allerdings Grund, an diesem Selbstverständnis zu zweifeln. Denn es stellt sich die Frage, ob die Revolte der Motor oder nur eine besonders pittoreske Begleiterscheinung des kulturellen Wandels gewesen ist, der hierzulande in den sechziger Jahren zweifellos stattgefunden hat. Damals ist der genuin bürgerliche Versuch, Hochkultur wieder als Korrektiv von Ökonomie und Politik zu installieren, gescheitert, obwohl er unter dem moralischen Druck einer „Vergangenheitsbewältigung“ unternommen worden war. Unklar bleibt, ob diese Kapitulation die Folge einer ästhetischen Revision, der Politisierung der Kultur oder nicht vielmehr eines Großangriffs der Kulturindustrie gewesen ist, ob sie ein Ergebnis der Studentenbewegung oder ob diese nur der besonders medienwirksame Ausdruck einer allgemeinen Liberalisierung war, der die Kulturindustrie unter den verführerischen Konsumimperativen der Popkultur bereits vorgearbeitet hatte.

Von der „Gegenkultur“ der sechziger Jahre hat bereits kein Geringerer als Frank Zappa behauptet, sie sei bloß eine Erfindung der Medien gewesen – wie steht es dann mit der Identität des Generationsprotests? Für Westdeutschland war die Popkultur ohnehin eine importierte Moderne und – anders als die nach dem Nationalsozialismus re-importierte Moderne der Emigranten und Verfemten – eine genuin angelsächsische Angelegenheit. Die gleichsam zweite Phase der *Re-education,* die nicht mehr in der Hand der alliierten Behörden, sondern der amerikanischen Kulturkonzerne lag, erwies sich aber als wirkungsvoller und nachhaltiger als die erste; sie legt rückblickend die Frage nahe, ob mit der Universalisierung eines Generationsprotests nicht in Wahrheit eine Universalisierung der Kulturindustrie stattgefunden hat. Die Erinnerung an den Widerstand gegen die Kulturindustrie wird jedenfalls inzwischen von dem Verdacht zersetzt, womöglich nur an einer ihrer ersten Massenveranstaltungen teilgenommen zu haben.

Die Kernfusion von Woodstock. Im nachhinein eine unorthodoxe Symbiose aus Protest, Gegenkultur und Kulturindustrie zu vermuten ist keine allzu üble Nachrede, denn gerade die erklärten Gegner der Kulturindustrie erwiesen sich als deren interessanteste Kunden. Dieser Widerspruch konnte ihnen damals kaum auffallen, weil sich die Kulturindustrie gerade erst als Lieferant für eine Identitätsmaskerade zu formieren begann, die erst später als *Life style* firmieren sollte. Für diese Entwicklung war der Jugendmarkt der fünfziger und sechziger Jahre jedoch ein Pioniermarkt, und die Umstürzler waren seine markantesten Protagonisten. Das war in den USA früher virulent als in der BRD, aber die Kulturkolonie holte gerade in den Jahren der Revolte zügig auf.

Vage ist eine Karikatur in Erinnerung, die das Problem schon damals pointierte: Zwei konservativ gekleidete Manager spazieren in der Mittagspause über einen Bürgersteig in Manhattan, an einem langhaarigen Hippie vorbei, der auf den Gehwegplatten sitzt und Gitarre spielt. Angewidert bemerkt der eine zum anderen: „Es ist kaum zu fassen, aber diese Typen pumpen Jahr für Jahr Millionen Dollar in unsere Volkswirtschaft!“ Die Pointe verdeutlicht die Ambivalenz der Situation, denn was sich als Kulturrevolution verstand, war schon längst auch ein Markt und als solcher natürlich hochinteressant für die Kulturindustrie.

An ihre Schreibtische zurückgekehrt, werden sich die beiden *Ivy League*-Passanten daher einen Ruck gegeben und beschlossen haben, diesen ausbaufähigen Markt jugendlicher Konsumenten nicht länger deren intuitiv dilettierenden Generationsgenossen zu überlassen, sondern ihn selber in die Hand zu nehmen. Sie werden der Aufmerksamkeit ihres Aufsichtsrates also die Unterhaltungselektronik als Wachstumsbranche der Zukunft empfohlen haben, für deren Erschließung man eben ein paar Langhaarige würde schlucken müssen, oder aber mit dem Vorschlag aufgetreten sein, die Leitbilder der Jeans-Werbung nicht mehr nur an sportlichen, die der Zigarettenwerbung nicht länger nur an männlichen Idealkonsumenten zu orientieren. Als Präzedenzfall konnten sie auf die Umwandlung des schwarzen „Rhythm'n' Blues" in den weißen „Rock'n'Roll" verweisen, der anfangs auch auf Widerstand gestoßen, letztlich aber recht profitabel gewesen war. Wenige Monate später, als sich auf den Fluren der Chefetagen das Gelächter über das unglaubliche Aussehen der Beatles oder das Country-Gejammer von Bob Dylan gelegt hatte, werden sie dafür befördert worden sein, und eine Zeitschrift wie der „Rolling Stone" wurde denkbar, weil sie mit seriösen Anzeigenkunden rechnen konnte.

Was immer seither in den Rand- und Subkulturen entstanden ist, in den Werbeagenturen, den Schallplattenfirmen und den Medienbüros wurde es abgefangen, zuerst verstanden, aufgebauscht und sofort vermarktet. Schon wenig später waren in der Popkultur Werbetexte und Kritiken kaum mehr voneinander zu unterscheiden. Der elitäre, intellektuell dominierte Kulturbetrieb wurde von einer auf die Sinne zielenden Kulturvermarktung abgelöst, die jeden, auch den ihr feindlich gesonnenen Impuls aufzugreifen und so zu transformieren verstand, wie es bis dahin nur dem Kunstmarkt mit den Provokationen der Avantgarde gelungen war. Die Hippies, Campus-Revoluzzer und *Merry Pranksters,* die sich für Gegner der Kulturindustrie halten mochten, verhalfen dieser in Wahrheit zur wichtigsten Erkenntnis der Nachkriegszeit, daß sich nämlich in der *affluent society* (der „Überflußgesellschaft", wie Kenneth Galbraith sie in den fünfziger Jahren getauft hatte) neue Konsumgewohnheiten am besten im Marketing-Rahmen des Life style propagieren ließen.

Diese profitable Erkenntnis wurde dann auch auf andere Identitätsmärkte übertragen, und noch im ersten Namen, der Ende der siebziger Jahre die Segmentierung der Gesellschaft in abgrenzungsbewußte Konsumstämme besiegeln sollte, im *Yup-*

pie, hat sich die Dankbarkeit der Kulturindustrie für das Pioniertum der Hippies niedergeschlagen. Denn deren Kultfeste in Monterey und Woodstock waren ja nicht Höhepunkt der Kulturrevolution, sondern die Kernfusion von Gegenkultur und Kulturindustrie gewesen. Die neuen Märkte für Kleidung, Schallplatten, Motorräder, Zeitschriften, Konzerte, Filme und sonstigen Freizeitkonsum prosperierten, weil man neben der Werbung nicht nur auf Mundpropaganda und das natürliche Nachahmungsbedürfnis der Gleichaltrigen, sondern vor allem auf die Aufmerksamkeit der Medien bauen konnte, die über die neuen Trends und Identifikationsgüter kostenlos im redaktionellen Teil berichteten. Nur der erfolgsverdächtige Markt für eine populäre Alternative zu Nikotin, Tabletten und Alkohol ließ sich offiziell nicht abschöpfen, weil Marihuana dann doch nicht legalisiert wurde, aber er ist auf der Wall Street sicherlich in vorauseilender Geschäftigkeit durchkalkuliert worden. Das Marketing für den milieutypischen Identitätskonsum wurde jedenfalls nicht lange von Leuten geplant, die noch in diese Milieus gehörten.

Konflikte bei der Eingemeindung der unangepaßten Protagonisten der „Gegenkultur" in eine professionell gemanagte Kulturindustrie konnten natürlich nicht ausbleiben und dienten als willkommene Belege für die Inkompatibilität von Gegenkultur und Kapital – der Dauerkonflikt zwischen Bob Dylan und CBS etwa, in dem man archetypisch die Reinheit des Außenseiters und die arrogante Borniertheit des Medienmanagements konfrontiert sehen konnte. Die Zensur des Coverentwurfs von Beggar's Banquet erlaubte es sogar den schon recht gut verdienenden Rolling Stones, sich noch einmal als Helden einer unterdrückten Gegenkultur aufzuspielen; die Verhaftung des obszön gestikulierenden Jim Morrison auf der Bühne perfektionierte sein Image als Sexsymbol der Unverklemmten, von Drogen ganz zu schweigen.

Solche Konflikte erhielten sofort den Status von Legenden. Eine anspielungsversessene Hörerschaft suchte sogar nach geheimen Botschaften, welche die gegen ihren Willen vermarkteten Rebellen in der Leerrille verborgen oder durch die Zensur ihrer Texte geschmuggelt haben mochten. Die damals populäre Spekulation über die Reanimation von Paul McCartney, der angeblich gestorben und auf Druck der Plattenfirma, die ihre Profite dahinschmelzen sah, durch einen Doppelgänger ersetzt worden war, offenbarte eine skurril anmutende Hörigkeit für die Mythen einer real nicht existierenden Gegenkultur. Sie war Ausdruck des Wunsches, sich als Teil eines Traums zu verstehen und nicht als Kunden einer Industrie, die Träume verkauft.

Allein schon der epidemische Mißbrauch des Wortes *Underground* hätte in jenen Jahren jedem Warnung sein können, der eine Meldung noch von einer Werbebotschaft zu unterscheiden vermochte. Das Codewort für die profitabel gewordene Jugendkultur gab ihr den Anstrich einer Untergrundbewegung, einer Verschwörung von ästhetischen Insidern, und propagierte die Vorstellung von juvenilen, urbanen Milieunischen, in denen Kultur eine authentischere Gestalt annahm als in der Hochkultur. Wie „Avantgardismus" war auch „Underground" eine militärische Metapher zur Markierung kultureller Differenzen, diesmal allerdings eine aus dem Bürgerkrieg, und genauso sollte er als Garantie für eine unversiegbare Quelle der Erneuerung gelten. Mit der Jugend bezeichnete er in der Tat ein biologisches *perpetuum mobile* der Innovation, ein ständig nachwachsendes Marktsegment; der ästhetische Kult des Neuen, wie man ihn bis dahin nur aus der modernen Kunst gekannt hatte, konnte deshalb zum Maßstab der vermarkteten Jugendkultur werden.

Nächst dem der Avantgarde ist in der Folge dann auch kein ästhetischer Schlüsselbegriff des 20. Jahrhunderts so durch seinen inflationären Gebrauch diskreditiert worden wie der des Underground. Mit seiner Hilfe konnten die traditionellen Konkurrenten der Kulturindustrie – die eingebürgerten Institutionen Schule, Oper, Theater, Bibliothek und Museum – noch effektiver diskreditiert werden, als es die Avantgarden vermocht (oder überhaupt vorgehabt) hatten. Im Zuge dieser Entwicklung wurde die kommerziell unergiebige öffentliche Kulturvermittlung, die notorisch Subventionen verschlingt und rezeptive Anstrengung verlangt, durch den massenhaften Privatkonsum überflügelt, der große Renditen versprach und mit seinen vielfältigen und haltbaren Kulturwaren den Endverbrauchern ungeahnte Möglichkeiten von Vorratshaltung und Programmauswahl eröffnete. An die Stelle des Prestigegewinns durch Bildung und den Besuch ihrer Institutionen trat der Heimverzehr von Identitätsartikeln der Unterhaltung, ein Siegeszug, der als Ausbreitung der Popkultur durch die zeitgleiche Pop Art gefeiert wurde.

Rebels without a cause. Die Gegenkultur und ihr politisches Pendant hatten aber nicht nur direkte Auswirkungen auf die Expandierung der Kulturindustrie. Vielmehr waren sie selbst schon eine *Folge* derselben – was damals ebenfalls keiner hätte wissen wollen. Was sich wie ein politischer Befreiungsschlag gegen die Bevormundung durch die Erwachsenenwelt ausnahm, lag nämlich durchaus im Fahrwasser kulturindustrieller *Promotion;* schon früh war die Jugendkultur im Blickfeld ihrer Prospektoren gewesen.

Die Kinoindustrie hatte sich schon Anfang der fünfziger Jahre mit „The Wild One“ und „Blackboard Jungle“ erboten, der Jugendkultur zu ihren Wunschbildern zu verhelfen. Kurz darauf trug dann ein Film unter dem bemerkenswerten Titel „Rebel without a cause“ den Jugendlichen als einem wachsenden Kinopublikum Rechnung, indem er Stoff und Konflikt perspektivisch aus ihrem Erfahrungshorizont entwickelte – wenige Jahre vor der „West Side Story“. Und natürlich war es nicht Leonard Bernsteins kultiviertes Musical, das dann der kommerziellen Formulierung der Jugendkultur den Rhythmus stiftete, sondern der „Summertime Blues“ von Eddie Cochran, die Musik von Chuck Berry, Bill Haley oder Little Richard, die durch Filme wie „Rock around the clock“ oder „The girl can't help it“ medial verstärkt wurde. Neben dem Film war die Popmusik das zweite entscheidende Angebot an die neuen Konsumenten; Bernsteins Synthese aus Musical und Jugendmarkt blieb dagegen eine – bis auf das ziemlich platte „Hair“ – folgenlose Anekdote.

Als Ausdruck eines politisch noch unspezifischen Jugendprotests verbanden Film und Rockmusik seit den fünfziger Jahren das Selbstdarstellungsbedürfnis der Heranwachsenden mit den Absatzinteressen der Kulturindustrie. Die Konvergenz von Protestgeneration und Popkultur, die dann den „Kindern von Marx und Coca-Cola" (Jean-Luc Godard) ein Jahrzehnt später als besonders glückliche Fügung des Zeitgeistes erscheinen mußte, war in Wirklichkeit Indiz für einen zuvor eingeleiteten und bis heute nachwirkenden Strukturwandel der Kulturindustrie, die ihr Marketing an den bis dahin lange vernachlässigten Jugendlichen orientierte. Diese verfügten über ein ansehnliches und stetig wachsendes Taschengeld sowie über höhere Einstiegslöhne; sie wurden nicht mehr im Zeichen der abwartenden Askese erzogen, sondern schon ziemlich verwöhnt; sie hatten überdies viel Zeit für den Konsum, waren erfahrungshungrig und nicht zuletzt süchtig nach Identifikation. Jugendkultur entwickelte sich daher zu einem Investitionsschwerpunkt der Kulturindustrie, wobei die Marktsegmente lernten, sich synchron als Subkulturen und diachron als Generationen zu verstehen, denn ihre wichtigsten Identifikationserlebnisse erwarben sie nicht durch Arbeit oder Krieg, Religion oder Politik, sondern im Konsum.

So etablierte sich ein transatlantischer Jugendmarkt, der sich eine Zeitlang mit einer Protestbewegung überschneiden konnte, weil der symbolische Widerstand gegen die Erwachsenenwelt bereits zum Konsumversprechen auch der unpolitischen Kulturwaren gezählt hatte. In größerem Ausmaß, als es den Protagonisten bewußt werden konnte, wurde ihre politische Erwartung durch ihre Konsumerfahrungen geprägt. Es hätte schon die Rolle der umworbenen und ernstgenommenen Konsumenten auf dem Markt des altersspezifisch akzentuierten Kleidungs- und Freizeitkonsums ausgereicht, um das Selbstbewußtsein dieser Generation zu stärken und konfliktfähig zu machen. Aber ausschlaggebend war letztlich die phänomenale Prominenz von Altersgenossen, der Popmusiker, in den Medien, der spektakuläre Instant-Erfolg ihrer Provokationen auf dem Markt und nicht zuletzt deren kollektives Auftreten. Sie inspirierten das Verlangen der Studenten, in der noch autoritär und patriarchalisch geprägten Universität eine äquivalente Anerkennung zu erwirken: Die Studentenrevolte war zunächst einmal eine Fortsetzung der Beatles mit anderen Mitteln.

Medienrevolution. Fernsehen, Nachrichtenmagazine, Illustrierte und Zeitungen fanden in der dramatischen Entwicklung der Revolte und ihrer pittoresken Selbstinszenierung eine Mischung, die fotogen und überaus mediengerecht war, und statteten sie daher mit der ihnen eigenen Magie aus, mit Prominenz. Ergreifende Filmszenen wurden zur besten Sendezeit verbreitet – die Angriffe rechter „Jubelperser" auf linke Demonstranten und das in solchen Fällen traditionelle Wegsehen der Polizei; Rudi Dutschkes charismatische Erweckerpredigten oder der Schauplatz des skandalösen Todes von Benno Ohnesorg – und sorgten für Aufruhr selbst in der tiefsten Provinz. Manch einer, der sich später als 68er ausgab, solange es noch nicht *démodé* war, hatte die Revolte in Wahrheit nur in der Tagesschau erlebt. Mochten sich die Wortführer der Apo auch als diskursive Erneuerer verstehen, die Prominenz ihrer Anliegen verdankten sie allein den visuellen Massenmedien.

Das ist ein inzwischen zwar geläufiges, aber immer noch ungeliebtes Argument. Man erinnert sich, wie konservative Politiker damals die Medien zu gängeln versuchten, die diese Ereignisse angeblich hochspielten, statt sie mit Abscheu und Nichtbeachtung zu strafen. Doch die sich darin ausdrückende Verwechslung, die in der Unterbindung der Berichterstattung schon die Bereinigung der Verhältnisse gewährleistet sah, war nur eine falsche Konsequenz aus einer richtigen Beobachtung. Die Studentenbewegung konnte tatsächlich nur deswegen zu einem bundesweit verbreiteten Ereignis werden, weil den Massenmedien in jenen Jahren die ungeheure Macht zufiel, zu definieren, was ein Ereignis war und Aufmerksamkeit verdiente.

Davon machten gerade die damals noch Rädelsführer genannten „Promis" der Studentenbewegung ausgiebigen Gebrauch. Wenn sie die Schützenhilfe der Medien auch nur als lästiges Übel auszugeben pflegten, so hielten sie die Spielregeln doch bereitwillig ein. Zur Analyse der Medien waren sie auch durch die Umstände gezwungen, denn eine der Ursachen für die blitzschnelle Radikalisierung der Bewegung war ja der rabiate „Journalismus“ in Teilen der Springer-Presse gewesen. So sahen sie unter den Medien Verbündete und Gegner zugleich: Im Boykott der Auslieferung der Springer-Zeitungen zu Ostern 1968 erwiesen sie der neuen Übermacht ebenso ihre Reverenz, wie es amerikanische Demonstranten beim Parteikonvent der Demokraten in Chicago taten, als sie angesichts der marodierenden Nationalgarde mit der kollektiv skandierten Auskunft „The whole world's watching“ die schützende Zeugenschaft der Pressefotografen und TV-Kameras beschworen.

Es waren auch die Medien gewesen, die den entlegenen, anfangs verschwiegen ausgetragenen Dschungelkrieg in Vietnam zum Weltereignis gemacht und damit den Protest gefördert hatten, über den sie wiederum berichteten. So lag die tatsächlich umwälzende gesellschaftliche Entwicklung der sechziger Jahre darin, daß die Medien das Periphere und Ephemere mit einem Schlag ins Zentrum der Aufmerksamkeit dirigieren konnten. Die wahre Kulturrevolution war nicht das Ereignis, über das die Massenmedien berichteten, sondern ihre eigene Etablierung als ubiquitäre Weltbildproduzenten – die Revolution fand im doppelten Sinne in den Medien statt.

Von dem in der Sache, wenn auch nicht durchweg mit Absicht gewährleisteten Bündnis aus Revolte und Medien machten dann später die RAF-Terroristen mit ihrer tückischen Sparsamkeit den zynischsten Gebrauch: Sie hatten als ein Gesetz der Mediengesellschaft verstanden, daß mit spektakulären Morden mehr Resonanz zu erzielen war als mit personalintensiven Massendemonstrationen, lustlosen Arbeitsgruppen, chaotischen Spontiblättern und nächtlichen Kneipentiraden. In der Eskalation der Anreize machten die Terroristen dann jene Verwechslung von Medienresonanz und politischer Wirkung perfekt, die schon in der Studentenrevolte angelegt gewesen war.

Amerikanisierung. Während der Anti-Amerikanismus im Protest gegen den Vietnamkrieg politisch eskalierte, spielte er in der Kultur kaum eine Rolle. Im Gegenteil, die Studentenbewegung hätte den Status der Bundesrepublik als einer Kulturkolonie der USA vermutlich selbst dann unangetastet gelassen, wenn er ihr aufgefallen wäre, denn sie folgte längst den amerikanisierten Konsum- und Medienträumen ihrer Eltern, wenn auch natürlich an ganz anderen Warenständen und auf anderen Sendekanälen. Als die westdeutsche Schlagerindustrie Mitte der sechziger Jahre dankenswerterweise darauf verzichtete, angelsächsische Titel noch in einer eingedeutschten Version auf den Markt zu bringen, lag darin das Eingeständnis, nunmehr in *allen* Sparten der Massenkultur ein kulturelles Importland geworden zu sein – wozu nicht zuletzt der Plattenkonsum der Protestgeneration beigetragen hatte, die geschmäcklerisch nach dem angelsächsischen Original verlangte. Als „Easy Rider", ein veritables *„joint* venture" der Kulturindustrie mit der Gegenkultur, kaum fünfzehn Jahre nach „Rebel without a cause" die deutsche Provinz erreichte, war die Westorientierung der Bundesrepublik auch in der Subkultur durchgesetzt.

Der politische Anti-Amerikanismus der westdeutschen Studentenbewegung war ohnehin einer der Enttäuschung, denn er florierte auf der Basis jener Re-education, welche die Besatzungsmacht zuvor über die Westdeutschen verhängt hatte: Die USA wurden an genau dem Anspruch demokratischer Moral gemessen, den sie den Deutschen gerade erst nahegebracht hatten, das große angelsächsische Vorbild kehrte sich gegen sie selbst. Denn natürlich war die „Amerikanisierung", gegen die deutsche Intellektuelle, nicht nur im Umfeld des Nationalsozialismus, im 20. Jahrhundert Front gemacht hatten, in den Nachkriegsjahren zunächst einmal ein Segen gewesen. Die Kultur- und Pressepolitik der Amerikaner, unterstützt von deutschen Emigranten, die in amerikanischer Uniform zurückkehrten, war, wie Zeitgenossen hervorheben, eine beeindrukkende demokratische Alphabetisierungskampagne für das Intellektuellen-Milieu. Der perfekt inszenierte Auftritt John F. Kennedys in Berlin bildete dann den Höhepunkt eines von Care-Paketen und Rosinenbombern, Konsumträumen und Kulturimporten grundierten Amerikanismus. Wie viele von denen, die später Steine auf das Amerikahaus warfen, mögen noch wenige Jahre zuvor in ihren „Jugendzimmern" jene Farbfotografie Kennedys an die Wand gepinnt haben, die nach der Ermordung des gewieften Berufspolitikers in den Illustrierten zirkulierte, das bigotte Porträt eines mit beinahe betenden Händen beinahe zum Himmel aufschauenden Beinahe-Visionärs? Noch im Widerstand folgte die Revolte dem nunmehr verhaßten Vorbild, denn von der amerikanischen Bürgerrechtsbewegung lieh man sich die Manifestationsformen der *Sit-ins* und *Teach-ins* aus, und vom *Slapstick* die der Satire: Die Planer des Mehl- und Pudding-Attentats auf Hubert Humphrey erwiesen sich als späte, aber gelehrige Schüler der Stummfilme Hollywoods.

Die *lingua franca* der Revolte stiftete ohnehin bereits die Pop-Musik. Sie richtete sich, anders als der Rock'n'Roll, auch an die Kinder des Bürgertums, die Oberschüler und Studenten, die des Englischen mächtig waren und sich die fremde Kultur nicht nur symbolisch, sondern auch auf der Höhe ihrer Aussagen aneignen konnten. Hatte der Rock'n'Roll sein hiesiges Publikum vornehmlich in den unteren Schichten besessen, so eroberte die Popkultur jenen Nachwuchs, der auf den höheren Bildungsanstalten eigentlich für die Fortsetzung der bürgerlichen Kultur herangezogen werden sollte.

Radio Caroline. In dieser transatlantischen Vermittlung kam der britischen Beat- und Popkultur eine besondere Bedeutung zu. In Großbritannien hatte die amerikanische Massenkultur in der Nachkriegszeit einfacher Eingang gefunden als hierzulande, weil dort keine Sprachgrenze existierte und im Ursprungsland der Industrialisierung die Folklore der Massenkultur auf weniger Vorbehalte traf als im modernisierungsverwirrten Deutschland. Für die Europäisierung der Popkultur konnte die Insel als Brückenkopf dienen, weil sie anti-amerikanische Vorbehalte neutralisierte, die in Fragen der Musik hierzulande häufig genug noch rassistische waren, vor allem aber, weil sie binneneuropäische Handelsnetze und Reiseverbindungen aktivierte und damit die Infektionswege verkürzte. War die Rock 'n'Roll-Jugendkultur Westdeutschlands noch maßgeblich von der amerikanischen Nachkriegsbesatzung und ihren Radiosendern inspiriert gewesen – wie zur Verdeutlichung dieses historischen Zusammenhangs erschien Elvis Presley seinen deutschen Fans leibhaftig in Uniform –, so war zunächst „Swinging London" die europäische Hauptstadt der Popkultur, bevor mit Monterey und San Francisco die amerikanische Westcoast von Belang wurde. Die Etablierung der amerikanischen Standards vollzog sich über binneneuropäische Zwischenstationen der Nachkriegszeit; erst nach der Durchsetzung der Popkultur verloren die politischen und nationalen Grenzen für die Kulturindustrie ihre Bedeutung.

Sucht man nach seismographischen Figuren, welche die innereuropäische Vermittlung amerikanischer Vorbilder frühzeitig notiert haben, dann geraten mit Eduardo Paolozzi und Peter Blake zwei britische Pop-Künstler ins Blickfeld. Paolozzi, ein Schotte italienischer Abstammung, stellte im Paris der Nachkriegszeit seine Konsumpanoramen aus den Illustrierten zusammen, die er von amerikanischen GIs erhielt, und reflektierte in seinen Collagen und *scrap books* die amerikanische Pop-Utopie der heilen Konsumwelt. Peter Blake stellte sich bereits 1961 als Elvis-Fan, übersät mit Buttons, gleichsam als Stigmatisierten der Kulturindustrie dar und malte die aus Comics, Medien und Popmusik angemixte Jugendkultur, bevor sie zur europäischen Massenerscheinung wurde.

Von entscheidender Bedeutung war die Vorreiterrolle der englischen Kulturindustrie in der Diffusion der amerikanischen Musikkultur: Ein Großteil der frühen Chart-Erfolge und LP-Titel britischer Beatmusiker waren Cover-Versionen amerikanischer Vorbilder gewesen, die mit einem nur kleinen zeitlichen, aber großen kulturellen und geographischen Abstand übernommen und in Europa eingemeindet wurden. Bei dieser Kulturübernahme waren die später vielzitierten Blues-Vorbilder zunächst weniger von Belang als vor allem die Protagonisten eines bereits ziemlich verschlagerten Rhythm'n' Blues.

Das Medium der Verbreitung der Popkultur war neben der Schallplatte, die nicht mehr nur die Single, sondern nun auch EP und LP als (jugend-)marktgängiges Format besaß, vor allem das Radio, und zwar weniger das öffentlich-rechtliche als vielmehr das private. Heutigen Kritikern des Privatfernsehens entgeht bisweilen, mit welcher Begeisterung manche von ihnen die rigorose Kommerzialisierung eines anderen Massenmediums, nämlich des Radios, erlebt haben: Die perfekte Synthese aus Kommerz und Popkultur, aus Werbung und Popmusik, welche die „Piratensender" gegen die öffentlich-rechtlichen Leistungsverweigerer durchsetzten, galt schließlich als Sieg der Jugendkultur über die Staatsfunklangweiler und nicht als Totalisierung der Konsumwerbung. Die präzise Parodie dieses Piratenstücks, die satirische LP *The Who sell out,* konnte nur wenig gegen die fromme Mystifikation ausrichten, selbst Bekennerbriefe der Kulturindustrie blieben unbeachtet, sogar wenn sie, wie 1967 von der Plattenfirma *Immediate,* auf Plattenhüllen ausgedruckt wurden: „happy to be a part of the industry of human happiness." *The Who sell out* überliefert dafür einen beinahe emblematischen Slogan jener Jahre, einen Jingle des Piratensenders *Radio London* mit dem choralartig intonierten Wortlaut „Radio London reminds you: Go to the Church of your Choice".

Die Arglosigkeit der Rebellen im Umgang mit der Kulturindustrie sowie die Verdrängung ihres eigenen Beitrags zur Amerikanisierung der BRD ist erstaunlich, denn es waren ihre eigenen Raubdrucke, die den offiziellen Nachdruck jenes Buches erzwungen hatten, in dem zum ersten Mal von Kulturindustrie überhaupt die Rede gewesen war, nämlich der „Dialektik der Aufklärung", die Max Horkheimer und Theodor W. Adorno in der amerikanischen Emigration verfaßt und 1947 in Amsterdam hatten verlegen lassen. Möglicherweise war es der Umstand, daß Horkheimer und Adorno in den vierziger Jahren noch nicht hatten absehen können, wie die Kulturindustrie in den folgenden beiden Dekaden den Jugendmarkt ins Visier nehmen und schließlich in den Griff bekommen würde, der die Leser des Nachdrucks von 1969 in der falschen Sicherheit wiegen konnte, nicht bereits selbst zu deren Kunden zu zählen – Leser aus genau den Geburtsjahrgängen, die „als ‚Konsum- und Kulturpioniere' in die Geschichte der Mediensozialisation eingehen" sollten, wie Kurt Luger in einer aufschlußreichen Studie über die Nachkriegsverhältnisse in Österreich festgestellt hat. Noch 1963 war Adorno in seinem „Résumé über Kulturindustrie" die bereits unübersehbare Tendenz entgangen, die musterhaft werden sollte für die Ambivalenz der Kulturindustrie: Sie „entwickelte sich zu einer Instanz, die Jugendliche bei ihren Autonomiebestrebungen unterstützte, gleichzeitig aber mithalf, sie in das Konsumsystem der kapitalistischen Gesellschaft zu integrieren" (Luger).

Die Verdrängung der kulturindustriellen Vereinnahmung fiel um so leichter, als sie mit einer latenten Kultur- und allerdings manifesten Kunstfeindlichkeit der Protestbewegung einherging, die vielleicht dafür verantwortlich war, daß man sich lieber mit dem nüchternen Begriff der „Bewußtseinsindustrie" wappnete, den Hans Magnus Enzensberger 1962 lanciert hatte. Jedenfalls zeigte sich die Revolte eher geneigt, auf James Joyce, Marcel Proust oder Samuel Beckett zu verzichten als auf die Beach Boys und die Hollies; daher fiel ihr das Arrangement mit der Kulturindustrie nicht schwer, deren Ziele – die Entwertung der anspruchsvollen Hochkultur – sie begeistert unterstützte.

Lustgewinne. Als einer der wenigen Erfolge der Kulturrevolution gilt bis heute die sexuelle Liberalisierung. Wenn im Kunstbetrieb der siebziger Jahre eine bahnbrechende Ausstellung wie „Transformer" die sexuellen Zwischenstufen kanonisieren konnte, dann nicht ohne die flankierende Förderung jenes libertären Milieus, das sich aus der Revolte entwickelt hatte. Doch auch hier trafen sich widerständige Impulse der sexuellen Subkulturen schon mit Image-Maskeraden der Kulturindustrie, die changierende Protagonisten wie David Bowie oder Brian Eno ins Feld führte.

In der Tat ließe sich darüber streiten, ob letztlich der Befreiungsimpuls der Revolte oder der Modernisierungsdruck der Kulturindustrie ausschlaggebend waren für die sexuelle Liberalisierung. Bestimmte Voraussetzungen der sexuellen Liberalisierung wirkten zuerst im Studentenmilieu, ohne von diesem geschaffen worden zu sein, zunächst einmal die Pille, die es überhaupt erlaubte, an eine sexuelle Liberalisierung zu denken. Auch der materielle Wohlstand trug dazu bei, in Form eines von den Kriegszerstörungen erholten Wohnungsmarktes, der den Auszug aus der räumlichen und oft auch seelischen Enge des Elternhauses förderte, ohne daß dieser bereits in einer weiteren Kleinfamilienwohnung endete; schließlich auch die Alimentierung der juvenilen Lebensexperimente nach dem „Honnefer Modell".

Aber die Kulturindustrie hatte der Liberalisierung, wenn nicht vorgegriffen, dann zumindest maßgeblich zugearbeitet. Ihre nagenden Tabuverletzungen waren in Film und Popmusik nicht weniger als in den Printmedien zu erkennen, in den Illustrierten zumal und den Special-interest-Magazinen, von den schmuddeligen „St. Pauli Nachrichten" bis zum intim-deodorierten Springer-Produkt „Jasmin". Die heute eher niedlich anmutende, legendäre Aufklärungsserie des Illustrierten-Autors Oswalt Kolle hat für die sexuelle Liberalisierung womöglich mehr bewirkt als alle Aktionen und Parolen der Revolte zusammen, in deren Alltag es ohnehin, wie Veteranen eingestehen, mit der sexuellen Revolution nicht immer weit her war.

Vor allem aber war die Liberalisierung der Sexualität ein herausragendes Beispiel für die Übertragung von Konsumerfahrungen auf die zwischenmenschlichen Beziehungen. Die Wunscherfüllung durch den Warenkonsum stellte, wie Wolfgang Schmidbauer 1972 in *Homo consumens* herausstellte, auch das Modell für die Veränderung der sexuellen Anspruchshaltung. Die Aufwertung des Instant-Lustgewinns war die glänzende Schauseite einer schleichenden Ächtung aller sozialen Verbindlichkeiten, die zur geheimen Botschaft des Konsumismus, auch in sexueller Hinsicht, wurde.

Wer die Texte der Popmusik, selbst die der anfangs noch recht braven Beatles, zu verstehen wußte, den erreichte seit Beginn der sechziger Jahre der allgemeine Aufruf zum sexuellen Genuß, als in der weißen Popmusik die Aufforderungen so drastisch zu werden begannen, wie man es bis dahin nur aus der verpönten Musik der Schwarzen kannte. Die Feststellung „Wir haben den Weißen ihren Unterleib wiedergegeben", mit der ein schwarzer Kritiker den Erfolg der schwarzen Musik auf den Märkten der Weißen kommentierte, bestätigte die gesellschaftsverändernde Kraft, welche die Kulturindustrie inzwischen besaß, übrigens auch in der Stärkung des politischen Selbstbewußtseins der Schwarzen in den USA.

Mit der sexuellen Liberalisierung verknüpften die Protestler freilich andere Hoffnungen als die Kulturindustrie, nämlich die auf ein Ende der intimen und für beinahe jeden schicksalhaften Sozialisationsmühle der Familie. Diese Intentionen zeitigten allenfalls unfreiwillige Erfolge. Denn „Der Tod der Familie", wie ein Buchtitel des „Anti-Psychiaters" David Cooper die damals geläufige Forderung pointierte, ist ja inzwischen absehbar, da es Großstädte gibt, in denen fast die Mehrzahl der Haushalte von Singles geführt werden, die Scheidungsrate die der Eheschließungen halbiert und beinahe die Hälfte der Erstkläßler von Alleinerziehenden abgeliefert wird.

Für das Schicksal der einzigen auf Dauer angelegten Lebensgemeinschaft, die den sozialen Kahlschlag der Modernisierung überlebt hatte, kann man die Studentenbewegung freilich nur schuldig sprechen, wenn man ihre groteske Selbstüberschätzung teilt. Denn sie war nur Teil einer allgemeinen Abwertung der sozialen Verbindlichkeit von Sexualität, *vulgo* Familie. Wie vieles, das die Revolte glaubte, heroisch umstürzen zu müssen, war die Familie schon längst dabei zu zerfallen und brauchte nur noch einen Stoß, der sichtbar werden ließ, daß die Erosion schon an die Substanz gegangen war. Sie hatte bis dahin nur um den Preis einer Schrumpfung auf die unerläßlichen genetischen Konstanten überlebt und gestand schon in ihrem Namen diese Niederlage ein, die jedem Sozialwohnungsgrundriß des Wiederaufbaus eingeschrieben war: Als Kleinfamilie bot sie der endgültigen Auflösung nur noch den hinhaltenden Widerstand ihrer massenhaften Verbreitung.

Die damals gleichsam instinktive Sicherheit, die Zerstörung sei stets auch schon der Beginn begrüßenswerter Verhältnisse, erwies sich als trügerisch: die Umstürzler waren nicht, wie angekündigt, in der Lage, neue kollektive Verbindlichkeiten an die Stelle der diskreditierten zu setzen. So zog letztlich die Kulturindustrie die größeren Lustgewinne aus der Liberalisierung, denn diese gab ihr endlich ein Thema zur rücksichtslosen Verwertung frei, dessen Daueraktualität schon rein konstitutionell gesichert ist – die jeder sozialen Verbindlichkeit ledige Sexualität.

Inzwischen herrscht daher auch unter den Selbstdeutern der Revolte der Eindruck, daß sie statt als Speerspitze der sexuellen Revolution nur als Weichmacher der Libertinage fungiert haben, und es wächst der Verdacht, all die idealistisch Bewegten könnten für die Kulturindustrie nur das gewesen sein, was sie selbst mit einem menschenverachtenden Schlagwort als „nützliche Idioten" bezeichnet hätten, ja daß „jene Linke, die in den sechziger Jahren für eine Gesellschaft gekämpft hat, in der Sehnsüchte und Lüste ungezügelt ausgelebt werden dürften, eigentlich ahnungslos für den Klassenfeind gearbeitet" hat (Hans Peter Duerr).

Die Kulturindustrie konnte jedenfalls weitaus erfolgreicher als die Protestler die Werte ridikülisieren, auf die sich bis dahin Ehe und Familie, erzieherische Verantwortung und selbstlose Brutpflege mühsam hatten gründen lassen. Die Abwertung der Familie und der Ansehensverlust von sozialer Anteilnahme und Verantwortung überhaupt färben das öffentliche Bild der Sexualität, und es ist vermutlich nur der notorischen Konsumintensität der Kleinfamilie zu verdanken, daß ihre Gründer nicht schon längst werbeöffentlich als Idioten vorgeführt werden, die sich statt eines gepflegten Kaschmir- und Partnerkonsums dem Windelkauf und nervender Sippentreue verschrieben haben.

Seit den achtziger Jahren demonstrieren jedenfalls Madonna, Prince, Michael Jackson oder die inzwischen als Sexidol fungierende Cher, in der bildenden Kunst Jeff Koons mit Cicciolina, daß die sexuelle Liberalisierung in einer Markt- und Medienorgie von Projektionsfiguren eines florierenden Voyeurmarktes gestrandet ist. Ihre kulturindustrielle Libertinage ist freilich eine durchaus ästhetische Erscheinung, denn eine perfekte Stilisierung sorgt dafür, daß die Performances nicht mit Pornografie verwechselt werden können – die zwar auch ihren interessanten Markt, aber keinen Glamour hat, den eine Kulturimitation nun mal braucht. Die Zurichtung der Projektionsfiguren auf eine absolut keimfreie Darstellung von Sexualität annulliert jede Erwartung, die sie erweckt; es ist der vollendete erotische Narzißmus, den ihr roboterhaft vorgetragener „Designersex" (Diedrich Diederichsen) artikuliert und zur Nachahmung empfiehlt.

Sie gehorcht dabei sowohl den Impulsen der Kulturindustrie als auch der Protestbewegung, denn mochten auch beide den Hedonisten progagiert haben, so richteten sie sich doch an den Narziß; darin liegt, wie Klaus Laermann hervorgehoben hat, ein Geheimnis ihrer Synergie. Die scheinbar hedonistische und kollektivistische Orientierung blieb in Wahrheit monadisch und damit im Rahmen der universalisierten Konsumhaltung. Deshalb sind auch nicht die damals beliebten bunten Illustrierten-Bilder aus exotisch bevölkerten Hippie-Idyllen und elegant verlotterten Kommunebetten repräsentativ für den Charakter der sexuellen Liberalisierung, sondern eher die Fotografien eines Larry Clark, die nicht zufällig erst jetzt eine späte Prominenz im Kunstbetrieb erleben.

Clarks Fotoband *Tulsa* führte 1971 die Drogenszene von Jugendlichen einer amerikanischen Provinzstadt vor. Die geradezu spürbare Authentizität der Aufnahmen verdankte sich seiner Zugehörigkeit zu diesem Milieu. Die aufreizende Unbekümmertheit, mit der seine Protagonisten ihre Drogen und Körper konsumieren, ihre *Teenage Lust,* wirkt nicht deshalb desillusionierend, weil die Fotografien schwarz-weiß sind. Clarks Reduktion der Jugendkultur auf den gemeinschaftlich erwirtschafteten Lustgewinn der einzelnen liefert vielmehr, abseits der damals notorischen *Love and peace*-Verbrämung, eine ernüchternde Bilanz des gegenseitigen Geschlechtsverzehrs, aufschlußreicher als jede noch so erregende Stellungsvariante, die Hollywood seither dem Thema in Dolby-Ton und professioneller Ausleuchtung abgewonnen hat.

Mögen „Tulsa" und „Teenage Lust" dem heutigen Betrachter Respekt davor abverlangen, wie zeitgenössisch Clark damals gewesen ist, wie wenig er sich also von den kursierenden Zeitgeist-Mythen beeinflussen ließ, so liegt die eigentliche gesellschaftliche Wahrheit der Fotos von Clark jedoch in seiner scheinbar rein privaten Obsession: Fotografieren war für ihn der Versuch, trotz zunehmendem Alter sich den Jugendlichen weiterhin zugehörig fühlen zu können; Clark träumte repräsentativ für die kulturindustriell dirigierte Gesellschaft den Traum von der lebenslänglichen Pubertät. Diese Fixierung hat Clarks Interviewpartner Mike Kelley auf die gelungene zweideutige Formel gebracht, die der gesamtgesellschaftlichen Entwicklung als Motto dienen könnte: „The object of desire is to be the kids, not to have them."

My Generation. Clarks sexueller Wunsch, lebenslang ein Jugendlicher zu bleiben, liefert eine Extremform des Jugendkultes, wie er für das 20. Jahrhundert insgesamt typisch gewesen ist und ein Erbe vermehrte, das im 19. Jahrhundert angesammelt und nach dem *fin de siècle* eingeklagt worden war. Das 20. Jahrhundert hatte mit einer Vergötzung der Jugend begonnen, welche früheren Zeiten, selbst der romantischen, frivol erschienen wäre. In der Jugendbewegung suchte das lange unterdrückte Milieu sich gegen eine patriarchalisch geprägte Familienkultur durchzusetzen, deren Härte und Kälte enorm gewesen sein muß. Ihre ästhetische Metapher fand sie in dem nach der Zeitschrift „Jugend" benannten Stil, dessen überwiegend fließende und florale Gestaltung auch als erotische Opposition gegen die Sterilität des Historismus verstanden werden kann. Mit „Stil" und „Bewegung" adoptierte die Jugendopposition chronologische Metaphern, von denen die erste noch in einem traditionellen Sinne ästhetisch, die zweite aber bereits politisch und prophetisch war, denn das Motiv der Bewegung sollte bis zur Zäsur des Zweiten Weltkrieges in Europa politische und ästhetische Avantgarden prägen.

Das neue Jugendverständnis stand in der Entwicklungslinie der Moderne. Denn es war ihre Tendenz, Traditionen zu ächten und außer Kraft zu setzen, als deren genereller Nenner das Alter galt, das sich gegen das glorifizierte Neue nicht halten konnte. Wie die Avantgarde in der Kunst und die Innovation in der Technik lernte die Jugend sich als prinzipielle Verbesserung des sozialen Inventars zu verstehen, statt, wie in der Romantik, nur als der angenehmste Aggregatzustand des Menschseins. Aber trotz der Stigmatisierung des kulturell und technisch Alten basierte auch die modernisierte Gesellschaft weiterhin auf Autoritäten und Hierarchien, die mit dem biologischen Alter konvergierten. Diese Bastion des Alters hat erst die antiautoritäre Bewegung geschleift; es war ihr ebenso erfolgreicher wie problematischer Beitrag zur Modernisierung der Gesellschaft.

Denn der traditionelle Generationskonflikt ist in den sechziger Jahren entscheidend verschärft worden. „The Who" favorisierte in „My Generation" die Aussicht „Hope I die before I get old", und wie damals die Grenze zwischen jung und alt rabiat nach unten verlegt wurde, ist jedem erinnerlich, der noch das Grundgesetz der international vermarkteten Jugendkultur in den Ohren hat, keinem über dreißig zu trauen. Der bis dahin relative Unterschied zwischen jung und alt wurde zugleich kategorial und perspektivlos und ließ deutlich werden, daß der Jugendprotest die Tendenz der Kulturindustrie zur Segmentierung der Gesellschaft in alterstypische Märkte letztlich nur verschärfte. Der skurrilste Beweis für diese Entwicklung kam ausgerechnet aus der DDR: Ulrich Plenzdorfs Edgar Wibeau wollte in „Die neuen Leiden des jungen W." der Glaubwürdigkeit, mit der man Jeans tragen kann, die Altersgrenze von 25 Jahren setzen. Indem sie die kulturelle und technische Diskriminierung des Alten auch auf das soziale und biologische Alter übertrug, konnte die Protestbewegung die Stigmatisierung des Alten, die ein Zentralmotiv der Moderne und ihres Fortschrittsbegriffs war, auch auf die Gesellschaft übertragen.

Dabei wurde sie von der Tendenz der Kulturindustrie unterstützt, Jugend zum Leitbild einer Gesellschaft zu entwickeln, in der Altern zunehmend als Stigma empfunden wird. Als körperliche Frische und erotische Unbefangenheit codiert, wurde Jugendlichkeit zum Ideal der künstlerischen und kommerziellen Bildwelt, durchgesetzt von einer Generation, die freilich bald erfahren mußte, wie schnell und unsentimental die Kulturindustrie zur nächsten überging, von den aufmüpfigen Twens zu den konsumfrommen Teenies, um diese mit *Bubble gum*-Kultur vollzustopfen. Es ging schließlich um Jugendlichkeit schlechthin, nicht um eine bestimmte Jugendgeneration. Hatte in den sechziger Jahren kaum jemand damit gerechnet, daß das Bündnis aus subkultureller Kreativität und industrieller Verwertung jemals unabhängig von den eher pazifistischen und utopischen Werten der Pioniergeneration funktionieren könnte, so wurde mit *Heavy metal* oder Filmen wie „Mad Max" bald erkennbar, daß die Kulturindustrie zwar auch eine Gesinnungsindustrie ist, selber aber keine besitzt. Möglicherweise war diese prompte Aufkündigung der Generationstreue eine ebenso große Enttäuschung für die Protestbewegung wie ihre frühe politische Marginalisierung.

Life-style-Rassismus. Trotz aller symbolischen Absagen an das biologische Alter lag die wichtigste Tendenz der Protestbewegung und ihrer Kommerzialisierung jedoch nicht in der Abgrenzung zu den Erwachsenen. An die Stelle des symptomatischen Generationskonfliktes, der sich einst zwischen Eltern und ihren Kindern entzündete, ist vielmehr ein Verdrängungsreflex von Nachrückern getreten, die sich weniger im Verhältnis zu ihren Eltern als vielmehr zu konkurrierenden oder gerade außer Kraft gesetzten Jugendkulturen definieren: Retrospektiv die von Reinhard Mohr vorgestellten „78er" zu den 68ern wie einst die Hippies zu den Beatniks; synchron die Autonomen zu den Faschos wie einst die Mods zu den Rockern, die Punks zu den Poppern, die frühen britischen Skinheads zu den Hippies und – unerschöpfliches Potential – die Hooligans der einen Fußballmannschaft zu denen der anderen wie die Halbstarken eines Stadtviertels zu dem des angrenzenden.

Je kategorischer sich die Jugendkultur insgesamt gegen die Erwachsenen abgrenzte, desto bedeutsamer mußte zwangsläufig ihre Binnendifferenzierung werden. In der Auseinandersetzung darüber, wer das Erscheinungsbild der Jugend prägt, erreichte die Emblematik der Abgrenzung schon früh recht brutale Züge; der Kampf um die symbolische Vorherrschaft ist nicht erst seit den Schlachten zwischen Punks und Skins verhaltensauffällig. Dieser Kampf stand in seinen Ursprungsländern bereits in einer gewalttätigen Tradition, seit in den fünfziger Jahren die Kämpfe New Yorker Jugendgangs und in den frühen sechziger Jahren die Strandschlachten der britischen Mods und Rocker das urbane Bandenwesen überhöhen konnten, weil sie der gesellschaftlichen Kontrolle zum ersten Mal völlig entglitten und damit die Medien eroberten.

Diese gewaltsamen Auseinandersetzungen entzündeten sich an Differenzen, die als *Konsummarken* zur Schau gestellt wurden, weil sich mit ihnen ein erwünschter, künstlich geschaffener Rassismus pflegen ließ. Dieser Life-style-Rassismus ist eine aggressive Variante jenes zeichenhaften Konsums, als welcher der Life style gilt. Er lieferte nicht das Material für die stets bedeutsame Differenzierung der Gesellschaft nach Gesichtspunkten des Prestiges und der Klassenzugehörigkeit, wie Thorstein Veblen sie in seiner „Theorie der feinen Leute" oder Pierre Bourdieu in „Die feinen Unterschiede" dargestellt haben, sondern ermöglichte die Organisation von quasi theatralisch ausgetragenen Konflikten mit echten Verletzungen, Konflikte, die politische Konnotationen haben konnten, aber nicht benötigten.

Als Arthur Miller sich Mitte der fünfziger Jahre mit Sozialarbeitern des *Mobilization for Youth*-Programms in Bay Ridge, Brooklyn, umsah, weil sich damals in dieser Gegend die spektakulärsten Gewaltausbrüche der Stadt zutrugen, erlebte er diesen Übergang von einer noch politisch und ethnisch konnotierten Gewalttätigkeit zu einer rein symbolisch strukturierten, aber nicht weniger brutalen, großstädtischen und anti-urbanen Gewaltkultur. In diesem Zusammenhang hörte er zum ersten Mal das später so prominente Wort Life style und konnte es sich – von einem Sozialarbeiter, nicht von einem Designer! – erklären lassen: „Es wird miteinander konkurrierende Lebensstile geben, symbolische und im Grunde bedeutungslose Unterschiede in Kleidung, Sprachmustern, Eßgewohnheiten, Autos und so weiter. Der Klassenkampf ist erst mal vorbei. Vielleicht sogar die Vorstellung von Basisorganisationen. Die Leute sind immer weniger am gemeinsamen Handeln interessiert, das selbst jetzt schon merkwürdig und sinnlos zu sein scheint. Identifikation wird mehr und mehr eine Frage des Stils sein. Auf diese Weise wird das Selbstbild politisch neutralisiert. Es wird in Zukunft eine stilbewußte und keine klassenbewußte Gesellschaft geben."

In vielen Variationen ist diese offensive Bedeutung von Konsummarken der Jugendkultur verbunden geblieben, von kultisch gepflegten Kleidungsstücken über die Emblematik von „Heavy metal" bis hin zu Irokesenschnitt und Sicherheitsnadel oder eben Springerstiefeln und Bomberjacken. Die jugendliche Gewaltkultur benutzt Life-style-Marken wie Tätersignale, die immer auch Opfersignale sein können, Milieu-Uniformen und Haßmarkierungen, die es einfach machen, draufzuschlagen oder zu verstehen, warum man selber gejagt wird, Signale, die gleichzeitig Embleme der sozialen Kriegserklärung wie des identitätsstiftenden Konsums sind. So haben die Konsummarken der Jugendkultur ihren wichtigsten gemeinsamen Nenner in der sozialen Exklusivität einer eher unangenehmen Sorte.

Die Brutalität des jugendlichen Life-style-Rassismus vermag durchaus zu eskalieren, zumal dann, wenn er sich mit dem wirklichen Rassismus kreuzt: Die unterscheidungssüchtige Gesellschaft wurde, wie Enzensberger feststellte, damit überrascht, daß Unterschiede wieder lebensgefährlich werden können. In den Anschlägen der letzten Jahre wollten manche Politiker partout eine direkte Folge der Autoritätszersetzung durch die Linke erblicken und deren „Konflikterziehung" für den Gewaltkult verantwortlich machen. Richtig ist daran allenfalls, daß die Pädagogik ironischerweise als das einzige Feld übriggeblieben war, auf dem sich die antiautoritären Linken einen dauerhaften Einfluß auf die Gesellschaft erhoffen konnten, nachdem viele von ihnen ohnehin Lehrer geworden waren. Der Kampf um Radikalenerlaß und Rahmenrichtlinien wurde deshalb so erbittert geführt, weil Freunde und Feinde statt der Politik nun die Pädagogik so zu überschätzen begannen, wie man das wohl nur in Deutschland kann. Aber wie schon das Ansehen des deutschen Idealismus durch seine Verschulung nachhaltig beschädigt worden ist, hat auch die Pädagogisierung der

Linken nur wenig Erfolg beschert. Im Gegenteil, die Dauerthematisierung von Arbeiterbewegung und Sozialismus auf der einen, von Nationalsozialismus und Völkermord auf der anderen Seite belegte nur ein weiteres Mal die niederschmetternde Grunderfahrung der Pädagogik, daß alles, was Schulthema wird, schon allein deshalb Widerstand und Überdruß weckt und vom Profilierungsdrang der nachrückenden Schülergeneration spielerisch und provokativ ins Gegenteil verkehrt wird.

An der allgemeinen Ächtung der Gewalt beteiligte sich auch die Kulturindustrie, wenn auch vermutlich ebenso wirkungslos, wie sich zuvor schon die Stars der Bundesligavereine für die Mäßigung der Fans in den Fußballstadien verwendet hatten. Sie kann sich auch zu Recht beteiligen, denn faschistischer Parolen hat sie sich in der Tat nicht schuldig gemacht und auch nie unters Volk gebracht, wie man einen Molotowcocktail zubereitet, um Wohnheime anzuzünden. Im Gegenteil, der Internationalismus der Märkte hat zu einer Internationale des Konsumismus geführt, welche die Crossover-Träume von *World music* nicht weniger dirigiert als die *Come-together*-Folklore der Werbung und die „United Colors of Benetton". In dem Bestreben, niemanden als Außenseiter auszugrenzen, den man als Kunden eingemeinden kann, hat die Kulturindustrie tatsächlich eine zivilisatorische Bedeutung, die sie allerdings, wenn es ihren Interessen dient, leichten Herzens auch wieder preisgibt, um mit subtilen Stigmatisierungen und der Ausnutzung sozialer Diskrepanzen zur Konfrontation beizutragen und, wenn es einer neuen Zielgruppe schmeicheln kann, auch in Werbeclips und Musikvideos die Gewalt zu feiern.

Ihren Vordenkern muß schon früh aufgefallen sein, daß die kulturelle Liberalisierung neben der Sexualität auch das zweite große Thema von anthropologischer Relevanz zur Verwertung freigab, die Darstellung von Gewalt, die ein mindestens ebenso großes Marktpotential besitzt. Von dieser Liberalisierung macht die Kulturindustrie seither ausgiebig Gebrauch, indem sie Gewalt und Brutalität mit nachgerade kulinarischer Detailfreude ästhetisiert und damit ein offensichtlich großes und wachsendes Bedürfnis nach solchen Bildern stillt. Man kann ihr natürlich nicht unterstellen, daß sie die visuelle Legitimierung von Gewalt mit Absicht betreibt, jedenfalls nicht mit mehr Absicht als der, Profit zu machen. Die kommerzielle Aufblähung der Hippie-Kultur ist schließlich auch nicht mit dem Ziel erfolgt, den Widerstand gegen den Vietnam-Krieg zu fördern – das war vielmehr eine unerwartete und den Chef-Etagen vermutlich manchmal peinliche, aber gewaltige Nebenwirkung.

Die Nebenwirkungen der neuen medialen Gewaltkultur sind strittig, unstrittig dürfte dagegen sein, daß die Medienkarriere der Brutalität in einer synergetischen Beziehung mit gewalttätigen Jugendkulturen steht, wie einst die *Love and peace*-Mythen mit der Protestgeneration. Und so sorgt die Auseinandersetzung um die neue Gewalt für eine Umkehrung der Verhältnisse, die komisch wirken könnte, wäre der Fall nicht so ernst. Man erlebt Debatten, die seit Ende der sechziger Jahre um die Linke geführt worden sind, in grotesker Verkehrung und ertappt sich dabei, Argumente zu überdenken, die man damals verhöhnte.

Es bietet sich ein kurioses Bild: Linke, denen der Staat gegen die RAF zu martialisch vorgegangen war, befürworten jetzt das harte Durchgreifen der Polizei, und Linksliberale, welche die Freiheit der Kunst so weit ausgelegt wissen wollten wie die politische Meinungsfreiheit, denken über eine Zensur von Sex- und Gewaltszenen nach. Aktions- und Organisationsformen, die von Basisgruppen und Bürgerinitiativen mit, wie man glaubte, unverwechselbarem linken Stallgeruch entwickelt worden waren, finden sich bei der Rechten wieder; um ihren Datenschutz will sich daher auch mancher wenig scheren, dem schon eine pure Volkszählung als totalitäre Aushorchung erschienen war. Grüne, die energisch abgestritten hätten, daß ihnen die randalierenden Autonomen als unabhängige Störtruppen willkommen waren, diffamieren ernsthafte konservative Denker als Apologeten des rassistischen Straßenterrors, und wer über die Amerikanisierung der westdeutschen Nachkriegskultur redet, ist nicht länger als moskauhörig, sondern nunmehr des Nationalismus verdächtig. Wer einst legalistisch dafür eintrat, daß Mitglieder der DKP nicht benachteiligt werden dürften, weil die Partei schließlich nicht gerichtlich verboten war, will ein Verbot der Republikaner keineswegs abwarten, bevor er sie aus dem demokratischen Spektrum ausgrenzt. Antiautoritäre rufen nach Autorität und Liberale, die für einen humanen Strafvollzug plädierten, nach harten Strafen. Die Medien, die man einst von dem Verdacht freisprechen wollte, die Ereignisse aufzubauschen, über die sie berichten, werden nun bezichtigt, bei ihrer Suche nach einprägsamen Bildern durch ihre schiere Präsenz die Vorfälle so zu sanktionieren, daß die Sympathisanten des rechten Terrors aus ihrer Sympathie keinen Hehl mehr machen. Soziologische Errungenschaften wie die Suche nach milieutypischen Ursachen der Delinquenz gelten plötzlich als Verharmlosung, und selbst der Sinn der Jugendstrafe, einen Menschen nicht die meiste Zeit seines Lebens für etwas büßen zu lassen, was er zu dessen Beginn und noch nicht im Vollbesitz seines Verstandes getan hat, steht zur Disposition. Hieß es zunächst „The Kids are alright", erfolgt jetzt die Klarstellung „The Kids are not alright" – als wenn sie je das eine oder andere gewesen wären. Es herrscht Verwirrung, ob man die neuen Gewalttäter als Kriminelle oder als Provokateure bezeichnen, als Straftäter einbunkern und als politische Monster dämonisieren oder mit ihnen reden soll, und beim Ursachenlotto werden soziale oder politische Mißstände, katastrophale Biographien oder verwahrloste Sitten, die Härte des Modernisierungsschubs oder die Erosion der Moral, die Amerikanisierung der Gewaltverhältnisse oder der Verfall von Sozialisationsinstanzen aufgeboten – fast wie einst im Mai '68.

Ästhetik der Provokation. Es unterschied freilich die Anfänge der Studentenbewegung vom mehr oder weniger brutalen Lifestyle-Rassismus der folgenden Jahrzehnte, daß sie zur Gewalt ein instrumentelles Verhältnis besaß und ihre Berechtigung ausführlich diskutierte. Zunächst stand sie nämlich eher in der Tradition der künstlerischen Avantgarden, weil sie Provokation als eine symbolische Handlung verstand und nicht als handgreifliche. Dieser Unterschied markiert die Grenze zwischen der Provokation und dem Übergriff.

Die Studentenbewegung hat sie bekanntlich nicht mutwillig überschritten. Vielmehr ist sie schon früh, sogar schon in den Vorstadien, etwa der „Schwabinger Krawalle", mit einer Staatsgewalt konfrontiert worden, welche die symbolische Abweichung unbedingt als politische Kriminalität ahnden zu müssen glaubte, und zwar durchweg brutal. Damit wurde ihr der in bürgerlichen Gesellschaften ansonsten übliche ästhetische Schutzanspruch verweigert, weswegen sich ein Teil der Studentenbewegung darauf verlegte, mit Gewalt zu antworten, ein anderer allerdings noch lange versuchte – etwa in den Aktionen von Teufel und Langhans –, gegen eine zunächst ratlose Staatsgewalt weiterhin neue Spielräume strikt symbolischer Provokation zu erstreiten. In diesen Konflikt konnte sich die Kulturindustrie gewinnbringend einschalten, denn es war ihr großes Versprechen der sechziger Jahre, im Warenkonsum den Gestus der Provokation beibehalten zu können, ohne politische Folgen tragen zu müssen.

Die Provokation von einer artistischen Attitüde kurzfristig in eine politische verwandelt zu haben, begründete den Ansehenserfolg der Studentenbewegung. Darin verschränkten sich der bohèmehafte Auftritt des *épater le bourgeois* mit dem thematisch legitimen politischen Protest und den jugendmarktorientierten Identifikationsversprechen der Kulturindustrie. Die Erfahrung, daß in der Moderne Provokation keine Vorkehrung gegen, sondern die beste Garantie für den kulturellen Ansehenserfolg ist, konnte die Adepten nur beflügeln. Doch war die ästhetische Schutzzone bereits verlassen, bevor die Bewegung überhaupt wirklich handgreiflich geworden war, weil man ihr unterstellte, daß die Flugblätter, die 1967 zur Brandstiftung in Kaufhäusern aufriefen, ernst gemeint waren.

Als erster Autor rückte daraufhin Jacob Taubes die Studentenbewegung in eine ästhetische Perspektive, indem er in seinem Entlastungsgutachten den Terroraufruf als Satire in der Tradition surrealistischer Provokation ausgab. 1968 versuchte dann Karl Heinz Bohrer, die voluntaristischen Utopisten in ihre eigene Vorgeschichte einzuordnen. Mit „Surrealismus und Terror" untersuchte er in einer gleichsam stilgeschichtlichen

Sehweise den Übersprung artistischer Attitüden aus der intellektuellen Bohème in spätere urbane Subkulturen, für den sich inzwischen die Situationisten als *missing link* anführen ließen. Im gleichen Jahr räsonnierte Karl Markus Michel über die „Ästhetik des Protests".

Schon Trotzki hatte freilich geglaubt, daß der artistische Avantgardismus sich mit der Revolutionskonzeption Lenins gut vereinbaren ließe, handelte es sich doch in beiden Fällen um eine aggressive Elitetheorie. Ein ähnlicher Magnetismus führte in Italien Futuristen und Faschisten zusammen. Beiden Synthesen war bekanntlich kein langfristiger Erfolg beschieden. Und so inspirierte nicht die pittoreske Revolutionsästhetik Trotzkis die Studentenrevolte, sondern die einst avantgardistische, längst Gemeingut gewordene Ästhetik der Provokation. Rudi Dutschkes Einsicht „Ohne Provokation werden wir überhaupt nicht wahrgenommen" war eine eindeutige Anleihe bei der Erfolgstradition der künstlerischen Avantgarden, die an die Mediengesetzlichkeit des politischen Protests angepaßt wurde – was es freilich auch erlauben würde, die Studentenbewegung rückblickend als eine gescheiterte (nämlich in der Tat längst musealisierte) Avantgarde anzusehen.

Doch kann man die Ähnlichkeiten zwischen künstlerischem Avantgardismus und moderner Protestkultur auch überzeichnen, und dies geschieht seit einigen Jahren in der Theorie der Popkultur. Die suggestive Einordnung der „Sex Pistols" in die Wirkungsgeschichte der „Situationistischen Internationale" etwa, die Greil Marcus zustimmend kolportiert und bis auf den Dadaismus ausdehnen möchte, erfolgt nach dem Prinzip der Pseudomorphose, bei der eine oberflächliche, aber sinnfällige formale Ähnlichkeit darüber hinwegtäuscht, daß die historischen Unterschiede bei weitem überwiegen. Auch Mick Jaggers Behauptung „Wir haben, wie jede Avantgarde, schockiert, und keine langweiligen marxistischen Konzepte aus dem letzten Jahrhundert vertreten" belegt die Tendenz zur Nobilitierung erfolgreicher kulturindustrieller Konzepte durch Rückbezüge auf den artistischen Avantgardismus. Sie verfängt auch bei der Kritik, etwa wenn die pauschale Vereinnahmung der europäischen Hochkunst seit Baudelaire für „Popmusiker wie Neil Young, Patti Smith, Nick Cave, Einstürzende Neubauten, Bryan Ferry oder Captain Beefheart, die sich ausdrücklich auf die Décadence-Dichtung oder auf die Futuristen berufen", in einem ansonsten präzisen Essay über Hip-Hop kolportiert und weder *en gros* noch *en detail* überprüft wird.

Freilich lassen sich in der Popmusik Bezüge zu artistischen Avantgarden des Jahrhundertbeginns finden, Ähnlichkeiten der Motive und Techniken, die über ein bloßes Zitat hinausgehen und dem inzwischen erfolgten historischen Wandel Rechnung tragen, andernfalls sie auch – innerhalb der von ihnen beanspruchten Ästhetik – nur Trivialisierungen bleiben müßten. Popkultur ist in der Tat nicht stets so trivial, wie ihre Verächter glauben, sondern kann, wie jede andere Kunstform auch, an eine plötzlich als aktuell empfundene, zurückliegende Epoche der Hochkunst legitim anknüpfen. Solche Analogien können von größter Bedeutung sein, etwa wenn in der Kontinuität der Motive und Techniken ein kulturhistorischer Zusammenhang aufscheint oder in einer heraufbeschworenen Verwandtschaft sich die Differenz der Zeitgenossenschaft pointieren läßt oder – wie etwa im Fall Frank Zappas – aberwitzige Synthesen aus Kunstmusik und Popularmusik, aus Avantgarde und Kulturindustrie zustande kommen. Doch wenn eine Kontinuität nur propagiert wird, um an dem Ansehen eines bereits durchgesetzten, überdies der Hochkunst entstammenden Vorbilds teilzuhaben, wird die Analogie zum Bestandteil einer spezifischen Warenästhetik der Kulturindustrie.

Für die Lancierung kulturindustrieller Produkte ist diese historisierende Vorwärtsverteidigung inzwischen eine gewohnte Eigenwerbung. Sie überträgt eine bewährte PR-Maßnahme, den *Imagetransfer*, auf die Kulturgeschichte, häufig mit einer beträchtlichen Qualitätsverschleifung. Die kulturhistorische Selbsteinordnung zum Zwecke der künstlerischen Eigenwerbung ist allerdings tatsächlich ein Erbe der Avantgarde, denn es gehörte spätestens seit den Surrealisten zum Repertoire ihrer Selbstdarstellung, sich in einen historischen Rahmen von Vorbildern und Vorläufern einzuordnen. Da dieser Rückbezug, unabhängig von den jeweiligen Kennzeichen der einzelnen Gruppierungen, ein allgemeines Kennzeichen avantgardistischer Selbstrechtfertigung geworden ist, kann man ihn als strukturell ansehen. Solche strukturellen Analogien waren es, die Peter Bürgers Avantgardetheorie interessant gemacht haben; um sie muß es auch in einem solchen Zusammenhang gehen, will man nicht durch anekdotische Querverbindungen zwischen Avantgardegruppen und selbsternannten Erben weitere Pseudomorphosen produzieren.

Die Unterscheidung ist auch deswegen von Belang, weil sie deutlich macht, daß Provokation nicht zu den jeweils anekdotischen, sondern zu den strukturellen Analogien gehört, die man zwischen dem künstlerischen Avantgardismus und den politischen und kulturindustriellen Spielarten der Protestkultur stiften kann, und zwar in einem solchen Ausmaß, daß man in ihr den Imperativ einer *Poetik der Moderne* erkennen muß. Galt es als eines der entscheidenden Kennzeichen der Moderne, daß ihre Künste sich nicht mehr, wie zuvor, am Regelwerk einer verbindlichen Poetik ausrichteten, sondern sich so unorthodox und schließlich unkonventionell entwickelten, daß ihnen nur noch mit einer flexiblen Ästhetik beizukommen war, so erkennt man in der Provokation, der unbegrenzten, aber gewaltfreien Erwartungsenttäuschung und strikt symbolischen Form- und Tabuverletzung, verblüfft eine nie als solche schriftlich niedergelegte, nichtsdestoweniger aber bis heute gültige Poetik der Moderne, deren Nachwirkungen bis in die kulturindustrielle Kommerzialisierung des Schocks und die Erscheinungsformen der politischen Revolte zu beobachten sind.

Es handelt sich um eine dialektische Poetik, die auf das Überleben ihrer Tagesformen angelegt ist, denn sie weiß, daß diese durch die Integration jeweils widerlegt werden und die Regelverletzung selbst zur Regel wird. Wie das Museum für die Kunst, waren Lektürekanon und Theater für die Literatur solche Orte der Aufhebung der Provokation, die außerhalb neue Formverletzungen und thematische Kühnheiten ausprobieren mußte, um sich zu regenerieren. In dieser Einplanung einer ständigen Erneuerung glaubte die Poetik der Provokation eine Garantie für ihre Unaufhebbarkeit zu besitzen. Doch hat ihr nicht nur die unvermeidliche Erschöpfung der Mittel die Grenzen ihres Wachstums aufgezeigt, als Poetik wurde sie auch entwertet durch die außerkünstlerische Nachahmung in der kulturindustriell dirigierten Jugendkultur.

Diese hat freilich inzwischen ähnliche Probleme wie einst die künstlerische Avantgarde, nicht nur in der schon aus rein biologischen Gründen absehbaren Integration der Jugend in die Erwachsenenwelt. Hinzu kommt, daß die provokative Abgrenzung längst ein Konsumklischee der Massengesellschaft geworden ist, in der eben auch die Jugend eine Massenerfahrung darstellt. Wurde die Jugend früher durch das biologische Alter und die soziale Zwischenstellung definiert, so findet sie heute ihr gültiges Selbstbild auf dem Markt. Bevor das passende Alter überhaupt erreicht ist, stehen dort die schablonierten Identitäten schon bereit, und selbst der Widerstand gegen diese Prägung ist bereits Schablone. Wie eine Parodie der Geschichte der Avantgarden nimmt sich daher der Eiertanz aus, mit dem sich jede neue Strömung der Jugendkultur über ihre Vereinnahmung durch die Kulturindustrie beklagt oder Vorkehrungen dagegen zu treffen vorgibt. Es macht den Mythos der Provokation bis heute aus, daß jedes neue Versprechen von Subversion und Dissidenz begeistert geglaubt und propagiert wird, obwohl man das Spiel längst kennen könnte, in dem jede Provokation nur der Vorabdruck des nächsten *mainstream* sein will. Die Attitüde der unkorrumpierbaren Provokation deckt sich so perfekt mit den Mythen der ihr angeblich feindlich gesonnenen Kulturindustrie, wie sich auch Avantgarde und Museum auf Anhieb weitaus besser verstanden haben, als beide Seiten voneinander behaupteten. Die Bedeutung der Provokation ist freilich, ein seltener Fall, größer, als ihr Mythos vorgibt, denn als *Strategie der Abgrenzung* bildet sie den Kern einer regelrechten Identitätsbesessenheit in der Massengesellschaft, die man als das vielleicht entscheidende ästhetische Markenzeichen der Moderne ansehen darf.

Identity Kit. Diese Besessenheit wird in der Jugendkultur nur deshalb verhaltensauffällig, weil sie sich mit einem diese Lebensphase dominierenden Selbstdarstellungsbedürfnis multipliziert. Sie regiert die moderne Existenz aber generell, denn die Identität des modernen Menschen vermittelt sich weniger über Kennzeichen seiner topographischen Herkunft, seines Berufes oder eines individuellen Schicksals, vielmehr wird sie durch seinen Konsum geprägt. Insofern Konsumgütern diese kulturelle Eigenschaft anhaftet, muß man sie zur Kulturindustrie rechnen. Nicht nur die „klassischen" Branchen zählen also dazu, wie Radio, Film oder Comic strip, die für Horkheimer und Adorno noch maßgeblich waren, nicht nur die Medien- und Werbeagenturen, sondern auch die gemischten Branchen, die für Kleidung, Freizeitgestaltung oder Signalkonsum zuständig sind. Man erwirbt mit ihnen Identität nicht als Individuum, sondern gleichsam als bekennender Zeitgenosse.

Diese Zeitgenossenschaft besteht nicht in einer historischen Geistesgegenwart, sondern realisiert sich durch den Erwerb von Waren, der *richtigen* Waren, versteht sich. Mit ihnen hebt sich eine Elite ab, die nicht mehr Positions- oder Herkunftselite ist, sondern eine des Konsum-Avantgardismus. Es ist nicht der Gebrauchswert der leitmotivischen Waren, der dabei ausschlaggebend ist, sondern ihr symbolischer Beipack, gleichsam ein sozio-kulturelles Parfum. Dessen Übertragung geschieht nach einem Muster, das der deutsche Geschäftsführer von Harley-Davidson, Klaus Zobel, in der Zeitschrift „Motorrad" im Januar 1993 in unüberbietbarer Präzision zusammenfaßte: „Harley produziert und verkauft einen Lebensstil. Das Motorrad gibt es gratis dazu."

In diesem Spannungsfeld gedeihen die populären Identifikationseuphorien, medial induzierte Phantasmen in Synergie mit sozialen Demarkationen, die den Jugendmarkt als einen Ort des massenhaften Solipsismus erkennen lassen. Auf ihm zählen nicht nur die kongenialen Spezialisten der Image-Vermarktung, wie etwa Malcolm McLaren, der Erfinder der Sex Pistols, sondern auch die Life-style-Vorkoster und Berufsjugendlichen der Medien. Sie wirken am Mythos mit, indem sie ihn verwerten, und das durchaus nicht immer zynisch: Die Magie der Identifikation regiert auch in Schreibstuben, deren Insassen sich noch als Kritiker verstehen mögen, aber hauptamtlich als Propagandisten wirken. Seit der Star-Autor der Pop-Ära, Tom Wolfe, in einem beeindruckenden Balance-Akt gezeigt hat, wie man das Selbstverständnis von Subkulturen, denen man selber nicht zugehört, zugleich publizistisch überhöhen und ironisch durchsetzen kann, zählt es zum guten Ton des Popjournalismus zu zeigen, daß man am Puls der Zeit bleibt und die allerletzte Mode stets als allererster mitbekommt, um sie auch als erster demonstrativ wieder abzulegen.

Die über die wechselnden Tagesparolen hinaus gleichbleibende Botschaft besteht freilich in der Propagierung der Idee, daß sich bloße Konsumgewohnheiten letztlich zu einer individuellen und sinnvollen Biographie summieren können. Für diese Fiktion ist ja inzwischen fast jeder bereit, sein halbes Geld auszugeben, weswegen sich der Protestkonsum der Jugendkultur schließlich als *rite de passage* der Konsumgesellschaft zu erkennen gibt, als Initiation durch eine *marktfähige Differenz,* deren Patent die Kulturindustrie stets aufs neue anmeldet.

Der Mythos der Generation. Identitätsbesessenheit regiert nicht nur den Markt der Zeitgenossenschaft, sondern auch den der Erinnerungsgüter. Wenn eine Generation neuerdings durch ihre juvenilen Konsumerfahrungen definiert wird, etabliert jede von ihnen einen dankbaren Markt bis ans Lebensende, weil sich aus den Paraphernalia der Identität noch lange auch solche der Erinnerung generieren lassen – schon heute werden die „Oldies“ von morgen geschrieben.

Popmusik und Film haben seit den fünfziger Jahren nicht nur den jeweils letzten Stand der sich abwechselnden Jugendkulturen definiert, sondern auch die Erinnerung der abgelösten Generationen eingerichtet: Stilisierten „Easy rider“ oder „Alice's Restaurant“ die Gegenkultur zur Konsumalternative mit Soundtrack-Beilage, und vermaß Michelangelo Antonioni ihren „Zabriskie Point“, so standardisierte „American Graffiti“

wenig später die Generationserinnerungen der Fünfziger-Jahre-Kleinstadtamerikaner mit Hollywood-Perfektion, wie Peter Townshends Film „Quadrophenia“ 1979 die fast zwanzig Jahre zurückliegenden Strandkämpfe der Mods gegen die Rocker als historisches Datum der Jugendkultur zelebrierte.

Auch das publizistische Nachleben der 68er und der Woodstock-Generation folgt den Gesetzen der standardisierten Erinnerung, schon allein dadurch, daß alle Rückblicke, wie unterschiedlich sie auch in der politischen Couleur ausfallen mögen, das Objekt ihrer Erinnerung als *Generation* auszugeben pflegen. Eine solche Portionierung des Gedenkens ist ein fester Bestandteil des historischen Bewußtseins, aber kein überzeugender theoretischer Zugriff. Vielmehr ist sie eine chronologische Zwangsvorstellung, die mit der Identitätsbesessenheit der Moderne korrespondiert: An die Stelle der vorwärtsgewandten, freilich längst obsoleten Idee des Avantgardistischen setzt sie retrospektiv eine gleichsam biologische Substanz der Geschichte.

Die erste Generation, die dieses Jahrhundert vorweisen wollte, war nach den Jugendbewegten die der Teilnehmer des Ersten Weltkrieges, und ihr folgte in einem Abstand, der Generationen anthropologisch unterstellt wird, dem eines Vierteljahrhunderts, die der Teilnehmer des Zweiten. Dazwischen figurierte in den USA des *Jazz age* die *Lost generation* eines F. Scott Fitzgerald, von der man heute nicht mehr so genau weiß, ob ihr nun wirklich der Weltkrieg und die Wirtschaftskrise oder doch wieder nur der Alkohol und die Liebe das Leben schwer gemacht haben. Die zweite Nachkriegszeit besaß dann ebenfalls ihre eigene Generation, in den USA als *beat generation* apostrophiert, hierzulande von dem konservativen Münsteraner Soziologen Helmut Schlesky als die „skeptische Generation“ charakterisiert, die sich nach der neuerlichen Analyse von Heinz Bude mit jener der „Flakhelfer“ überschnitt.

Auch wenn der genetische Generationsabstand sich nie mit den Zäsuren deckt, an denen sozialhistorische Definitionen sich festmachen lassen, so hätten doch wohl so viele Generationen für dieses Jahrhundert schon völlig gereicht. Aber je mehr es sich seinem Ende nähert, desto schneller wird der Umsatz. Schon mit der Generation der 68er, die gegen die „skeptische" antrat, war das Soll übererfüllt, doch macht mittlerweile, etwa im Buch „Zaungäste" von Reinhard Mohr, auch noch eine Generation von 78ern von sich reden, und Douglas Coupland annoncierte 1991 seine „Generation X" gar unnumeriert und kokett als die neue *lost generation* einer „beschleunigten Gesellschaft" – so ist es denn nur eine Frage der immer kürzer werdenden Intervalle, bis auch die 89er, gleichsam als „Wiedervereinigungsgeneration", das Bücherschreiben und Mythenproduzieren lernen werden.

Zwischenzeitlich wird die „verlassene Generation", in der Konrad Adam die ausländerfeindlichen Spontanterroristen ansiedelte, oder die „überforderte Generation", wie Götz Eisenberg und Reimer Gronemeyer sie in ihrem Buch „Jugend und Gewalt" nannten, das freie Terrain bevölkern. Zugleich *ent*völkert sich eine veritable *lost generation*, zu deren Ausfall sich *Newsweek* in dem Konsumverzichtslamento „Aids and the Arts – A Lost Generation" anläßlich des Todes von Rudolf Nurejew selber kondolierte. Inzwischen vergeht kaum ein Monat, ohne daß irgendwo eine neue Generation ausgerufen wird, selbst *Beavis and Butthead* hat der „Rolling Stone" schon als *Voice of a Generation* ausgegeben.

Alle paar Jahre eine neue Generation – ist das noch ein chronischer Mythos der Geschichtsstilisierung oder schon die moderne Beschleunigung der Chronologie? Bislang galt ein gewisser Zeitabstand als notwendig, und wem der Generationenabstand zu lang war, der konnte in der Periodisierung nach Jahrzehnten auf ein kürzeres Raster der Zeitrechnung zurückgreifen, das vom 20. Jahrhundert herausgebildet worden war. Die angeblich „Goldenen Zwanziger" Jahre bildeten den Auftakt dieser Geschichtsstilisierung, und die amüsierte Rekapitulation der fünfziger Jahre hat schließlich den Verdacht bestätigt, daß es die Nachkriegsdekaden sind, die sich am besten verklären lassen. Seither ist kein Halten mehr. Die unruhigen, aber kreativen sechziger Jahre, die langweiligen und muffigen siebziger Jahre, die zynischen und konsumfreundlichen achtziger Jahre – an schnell geprägten Klischees herrscht kein Mangel. Auch das allgemeine Kunstpalaver hat die diachrone Zurichtung nach Dekaden längst für so bare Münze genommen, daß bereits 1990 allen Ernstes Thesen über die Kunst der neunziger Jahre ausprobiert worden sind. Hier haben sich die Dekaden längst als Ersatz für die perdu gegangene Zeitrechnung nach Avantgarden etabliert, wie man insgesamt den Verdacht haben darf, daß in der Zeitgeschichtsschreibung das Konzept der Generation die Profanierung eines ästhetischen Geschichtsbildes darstellt.

Mögen Generation und Jahrzehnt auch längst Klischeevorstellungen der historischen Wahrnehmung sein, so besitzen sie doch magische Kraft, und sei es nur die einer retrospektiven *self-fulfilling prophecy.* Wenn etwa eine „pubertäre Generation" der Vierzigjährigen, wie unlängst von Peter Roos, ausgerufen (und weitherzig genug beschrieben) wird, erkennt sich darin eine ganze Heerschar von freien Mitarbeitern des Zeitgeistes wieder, die zuvor im chronologischen Niemandsland dahindämmerten und schon Gefahr liefen, ihre Biographien mit dem Fernsehprogramm zu verwechseln. Sogar der Provinzler entdeckt genügend Belege, die ihn in der *unio mystica* „seiner" Generation aufgehen lassen, selbst wenn es sich dabei nur um einen ordentlichen Medienrausch handelt.

Auch in der Stilisierung der 78er schien der Wunsch nach rückwirkender Sinnstiftung zu dominieren: Mit den Realien eines selbständigen Ein- und Auskommens konfrontiert, mußten die Spätheimkehrer einer in die Länge gezogenen Adoleszenz schließlich erkennen, daß nur eine *jeunesse doublée* war, was wie eine echte Alternative aussah, und so sind auch sie bereit für die falsche Verallgemeinerung zu einer Generation und geneigt, ihr jahrelanges organisiertes Herumlungern als politische Odyssee auszugeben. Hatte die Nischenexistenz komfortabel zwischengelagerter Studienjahrgänge die biologische Übertreibung der Pubertät auch als soziale ermöglicht, so wird nun eine historische daraus.

Den „Verdacht, daß solche Einordnungen von Generationen Lügen sind, die erfunden werden, um uns in unserer Zeit zu trösten", hat Arthur Miller in seinen Memoiren pointiert; es sind Marktsegmente der gebildeten Sentimentalität, in die sich solche plausiblen Mystifikationen einklinken, also, wie man aus eigener Anhänglichkeit wissen kann, der ideale Nährboden für moderne Mythen. In Wahrheit verrät die Überblendung von Generation und Jahrzehnt wohl weniger die Beschleunigung der Geschichte, als vielmehr einen gewachsenen Markt für Identifikationsmetaphern, an wessen Haaren sie auch immer herbeigezogen sein mögen. Wie in der Warenwerbung laufend neue Generationen von Autos, Staubsaugern oder Computern propagiert werden, so hat in den Generations- und Dekadenmythen das Geschichtsbewußtsein zu seiner Warenästhetik gefunden. Aus einem legitimen Kunstgriff der Konstruktion des Historischen sind Identitätsschablonen zeitgeschichtlicher Stilisierung geworden, die das historiographische Hilfsmittel als historische Substanz ausgeben.

Sie pressen Geburtsjahrgänge in kulturelle Raster, die ebenso anschaulich (und darin unersetzlich) wie fragwürdig sind. Denn nicht die Schornsteinfeger und Krankenschwestern, nicht die Bankangestellten und Buchhändlerinnen, nicht die Friseure und Bahnschaffner, also nicht die statistischen Mehrheiten sind gemeint, wenn neuerdings die historischen Pathosfloskeln beschworen werden. Auf dem Hintergrund dieser schweigenden Generationsmehrheiten setzt sich vielmehr eine schreibende, filmende und funkende Minderheit geschichtsliterarisch in Szene, und zwar retrospektiv so, wie es einst die Avantgarden prospektiv taten.

Die Phantasie an der Macht. Im Verhältnis zu den Märkten, auf denen Zeitgenossenschaft zu erwerben ist, sind die der Erinnerung freilich klein und marginal. Wer sich vor den Regalen mit den Oldies und Rückblicken herumdrückt, riskiert ohnehin den Verdacht, kulturell schon mit Vierzig in Rente gegangen zu sein. Dagegen summen die Produktionsstätten des Zeitgeistes vor Energie. Die täglichen Stichproben, die man Lautsprechern, Bildstrecken und Bildschirmen entnimmt, zwingen zu dem Eingeständnis, daß damit eine utopische Forderung der

Studentenbewegung Wirklichkeit geworden ist, nämlich die Parole „Die Phantasie an die Macht". Anfangs der noch recht grauen und tristen sechziger Jahre hätte sich niemand träumen lassen, mit welchem Aufwand an Farbe, Form und Poesie Werbung, Medien und Kulturgüterindustrie expandieren und auf sich aufmerksam machen würden. Sie haben die sozialdemokratische Forderung „Kultur für alle" schon zu realisieren begonnen, bevor sie erhoben wurde, ihr freilich auch einen völlig anderen Sinn gegeben, denn in der Kulturindustrie bezeichnet diese Formel die vollständige Umwandlung von Kultur in Unterhaltungselektronik.

Im Kontrast zu diesem Reichtum der Kulturindustrie mußte sich die sozialdemokratische Forderung nach „Kultur für alle" rührend rückständig ausnehmen, zumal sie mit einem lebenspraktischen Bildungsbegiff amalgamiert war, den die Unterhaltungselektronik längst dispensiert hat. Doch fand und findet sie ihre Gegner eher unter Bildungsbürgern, die beleidigt oder amüsiert mit einem restriktiven Kulturbegriff zu kontern versuchen, sei er nun elitär-konservativ oder auch nur arrogant, was in kulturellen Dingen ja häufig schon reicht.

Aber wer die Umwandlung von Kulturpolitik in Sozialarbeit beklagt, ignoriert deren integrative Leistung; die sozialdemokratische Funktionalisierung der Kultur für die Linderung des Modernisierungsschubs und des zivilisatorischen Verfalls war ein Versuch, die Integration der Jugendkulturen über Kulturpolitik und nicht über juristische Disziplinierung zu ermöglichen. Die Aufwertung der sozialen Berufe, die mit diesem neuen Kulturbegiff hätte verknüpft werden müssen, ist jedoch nicht erfolgt, und gegen den zynischen Glamour der Kulturindustrie hätte sie auch keine Chance mehr.

Der prägnanteste Ausdruck der Kulturrevolution durch die Kulturindustrie ist vielleicht der Walkman, weil er die Diskrepanz von massenhaft vermarkteten Kulturkonserven und vollständig isolierter, ja asozialer Rezeption ausgerechnet im öffentlichen Raum manifestiert. Führt man sich vor Augen, welche Bedeutung das Konzert einst als soziales Ereignis im bürgerlichen Kulturhaushalt besessen hat, dann läßt sich im

Walkman die markanteste Widerlegung der Hoffnungen erkennen, die Benjamin mit der technischen Reproduzierbarkeit des Kunstwerkes verknüpfte. Der sich unter den unhörbaren Rhythmen aus seinen Lautsprecherknöpfen Wiegende verkörpert auf tragikomische Weise die zu Ende gedachte Transformation von Kultur in Konsumgüter der Unterhaltungselektronik.

Gleichzeitig profitiert er von einem privaten Zugriff auf Kulturgüter, der heute in einer Auswahlbreite möglich ist, die sich keine Epoche vorher hätte träumen lassen. Daß man zehn Symphonien auf Vorrat mit sich herumführen kann, um sie dann und dort zu hören, wo es beliebt, übertrifft die Souveränität selbst des mächtigsten höfischen Auftraggebers. Und während dieser nicht stets mit dem zufrieden sein konnte, was ihm seine Hofmusiker komponierten, kann der ambulante Konsument auf einem differenzierten Markt sich das aussuchen, was seiner Geschmacksbildung am besten entspricht.

Dabei ist er keineswegs stets der Betrogene. Denn die Phantasie wird nicht nur in Strategien investiert, Kulturgüter zu vermarkten, sondern auch in einem Spielraum der Innovation gefördert, der nicht nahtlos und zwanghaft in den vorherrschenden Verwertungsinteressen aufgeht. Dieser Spielraum ist die eigentliche Botschaft der Popkultur: Die artistische Investition der Tagelöhner der Kulturindustrie in ihre Produkte ist der Mehrwert, den nicht der Unternehmer, sondern der Konsument realisiert – genau wie in der Kunst.

Widmung. Ein Kölner Bahnsteig im Dezember 1980. Der überraschend kleine, untersetzte Mann, dessen eigentümliche Motorik mir sehr vertraut war, ohne daß ich ihn je getroffen hatte, kam geradewegs auf mich zu und leitete von der Frage nach dem Fahrziel des einlaufenden Eilzuges geschickt zu der Bitte über, beim Einladen seiner Sachen behilflich zu sein. Als *seine Sachen* stellte sich ein Haufen von Taschen, Kisten und Koffern heraus, kleinteilige Habe, wie man sie in den sechziger Jahren hundertfach auf westdeutschen Bahnsteigen ausgebreitet sehen konnte, als italienische „Gastarbeiter" zu Weihnachten nach

Hause fuhren oder Griechen zu Ostern. Ich war gerade dabei, meine Verwicklung in die Verladung einer solchen Fracht zu bedauern, als sich ein Abteilfenster öffnete und zwei weitere, bereits eingestiegene Teilhaber der Gepäckstücke und Musikinstrumente für eine stilsichere und zügige Einverleibung in den Zug sorgten.

Die erste Hälfte der anschließenden Fahrt durch die abendliche Dunkelheit bestand aus Artigkeiten. Ginsberg fragte, wieso ich ihn auf Anhieb identifiziert hatte, und das wohl kaum aus Eitelkeit, denn in der Kulturkolonie, die er gerade bereiste, mag er einen Anflug des Erstaunens verspürt haben, das Rimbaud befallen hätte, wäre er in Aden erkannt worden. Wir sprachen über Dylans Film *Renaldo and Clara*, den ich in den Wochen zuvor drei- oder viermal gesehen hatte, wegen der vorzüglichen Konzertaufnahmen, aber auch wegen des überaus liebenswürdigen Auftritts, den Ginsberg in einem Altersheim absolviert.

Unser Gespräch wäre so dahingeplätschert, hätte ich nicht beiläufig den Tod John Lennons erwähnt, was ihn zu ungläubigen Rückfragen veranlaßte und mich die letzten Sympathien jenes Mannes kostete, der bis dahin unser Gespräch mit der gereizten Nachsicht verfolgt hatte, die ein Manager aufbringen mag, wenn sich sein Schützling zu lange mit einem *Fan* unterhält. Es war Peter Orlofsky. Er hatte, genau wie ich, die Nachricht am Morgen dem Radio entnommen und vermutlich mit Absicht vermieden, sie an Ginsberg weiterzugeben, vielleicht um für den Rest der Konzert-Lesungen den nun unvermeidlichen Requien zu entgehen, wie sie Tourneen auch nicht gerade einfacher machen.

Nach verstörtem Schweigen und dem höflichen, aber erfolglosen Versuch, aus dieser Nachricht ein neues Gesprächsthema zu machen, holte Ginsberg aus seiner Anzugtasche ein Notizbuch und einen Stift, brach aber diesen Versuch einer Literarisierung seines Schocks sogleich ab, um aus dem Gepäck einen Kassettenrecorder zu fischen, in dessen winziges Mikrophon er für den Rest der Fahrt ein leises, feierliches Klagelied sang.

In den Mitreisenden auf den vollen Bänken der 2. Klasse festigte sich endgültige Klarheit darüber, daß die beiden bärtigen und langhaarigen Subjekte nicht, wie sie, auf der abendlichen Pendlerfahrt vom Dienst in Banken, Boutiquen und Büros heimkehrten, und ich fühlte mich, wenn auch aus anderen Gründen, völlig fehl am Platz. Als Bote der im Radio aufgeschnappten Todesnachricht eines Menschen, der mir nur aus den Medien bekannt war, für einen anderen, der ihn persönlich gut gekannt hatte, kam ich mir plötzlich leer und unwirklich vor. Durch die Rückverwandlung einer Mediennachricht in eine persönliche Todesbotschaft war ich unversehens in eine Wirklichkeitslücke geraten. Ich versuchte, aus dem Fenster zu schauen, aber draußen war es finster, und so sah ich nur die Gesichter gespiegelt, die uns anstarrten – das ferne Echo einer beengten Bahnfahrt ins Sauerland, am Karfreitag 1968, als wir ein Kofferradio mitführten, um aus den stündlich abgehörten Nachrichten zu erfahren, ob Rudi Dutschke das Attentat überleben würde.

In der Konzert-Lesung am folgenden Abend nahm, wie vorauszusehen, ein Lied über den Tod John Lennons einen prominenten Platz ein, und Hunderte von Gleichaltrigen im Saal betrauerten den Verlust eines vertrauten Freundes, den sie doch nie getroffen hatten.

Der mürrische Kompromiß

Das Ende der Utopie

Bei allen Überschneidungen waren der kulturindustriell inspirierte Protest und die Studentenbewegung selbstverständlich nicht deckungsgleich. Während sich aber die Themen der Revolte, von der Hochschulreform über den Vietnamkrieg bis zur Aktion „Roter Punkt", als politische identifizieren ließen, hatte man Mühe, Aktionsformen und Ansprüche der „Neuen Linken" entsprechend zu klassifizieren. Zwischen dem Vorwurf eines linken Faschismus, mit dem Jürgen Habermas die Protestler verblüffte, und ihrem unberechenbaren Aktionismus konnte die Revolte keine konventionelle politische Identität herausbilden, auch nicht die erwünschte einer Revolution. Hatte sie von vornherein signalisiert, sich außerhalb der parlamentarischen Spielgregeln ansiedeln zu wollen, so fand sie kein Mittel, den Zusammenhalt einer so fragilen Angelegenheit zu sichern.

„Richtig" politisch schien die Studentenrevolte daher erst zu werden, als der ungeordnete, wenngleich eindrucksvolle Aufstand in das dogmatische Sektierertum zahlreicher „Parteien" mündete, die sich gewaltige Aufgaben vornahmen und rasch in völliger Bedeutungslosigkeit versanken. Der disziplinierte Stumpfsinn jener Jahre, wie ihn Jochen Schimmang in „Schöner Vogel Phönix" geschildert hat und Klaus Theweleit in „... ein Aspirin von der Größe der Sonne" noch einmal anklingen läßt, mutet heute ebenso exotisch an wie die Gründung einer DDR-freundlichen DKP *nach* der Invasion der Tschechoslowakei. Der Euphorie des Aufbruchs folgte das verbitterte Hickhack der Splittergruppen, als wäre die Weltfremdheit, die anfangs ihr juveniles Privileg war, schließlich als Strafe über die Revolte verhängt worden.

In ansonsten selten gewordener Einmütigkeit taten die Sektierer jedoch alles, um sich nicht eingestehen zu müssen, daß der einzige Erfolg des Aufstands in einer Stärkung der liberalen Kräfte bestanden hatte. Dabei konnten die ersten Nachkriegsjahrgänge durchaus schon ermessen, wie dringend notwendig diese Liberalisierung gerade in der Bundesrepublik gewesen war, hatten sie doch wichtige Auseinandersetzungen noch mitbekommen, die „Spiegel-Affäre" etwa, die diffusen „Schwabinger Krawalle" oder die erregte Zensurdiskussion um Bergmans Film „Das Schweigen". Die fortlebende Autoritätshörigkeit der Deutschen war ihnen ebensowenig verborgen geblieben wie ihr ausgeprägter Minderheitenhaß. Auch die Aushöhlung des Grundrechts auf Kriegsdienstverweigerung war ihnen geläufig, denn mancher Antragssteller war ja erst über die damals notorischen Verfahrenstricks „politisiert" worden. So hätte die Protestbewegung die Liberalisierung der Bundesrepublik durchaus als ihren Erfolg erkennen können, doch wollte sie die Stärkung der liberalen Kräfte nicht anerkennen, weil sie diese am meisten haßte. Der sprichwörtliche „liberale Scheißer" bezeichnete den erklärten Lieblingsgegner der in dieser Richtung ausgesprochen berührungsscheuen Linken; ihm gegenüber galt es freilich auch zu argumentieren, während man an den politischen Großfeinden die zeremonielle Konfrontation im öffentlichen Raum schätzte – wenn sie auch Risiken für Leib und Leben mit sich brachte, bestätigte sie in der Regel doch so gut wie alle Vorurteile.

Bald schien es sogar, als sollten die Liberalisierungsgewinne absichtlich wieder verspielt werden, damit die Bewegung nicht in einer Verbesserung der Lebensqualität für ein linksliberales Bildungsbürgertum versandete. Dieses hatte in der Tat manche Anregung aufgenommen, die von der Revolte ausgegangen war, etwa im bewußteren Umgang mit Kindern, die man vor den kirchlich-staatlichen durch selbstorganisierte – und teure – Kindergärten bewahrte. Hier wurde die Emanzipation der Frau vorangetrieben und die sexuelle Befreiung in ihren bindungsstärkenden und bindungssprengenden Spielarten durchexerziert; hier der kulturrevolutionäre Identitätskonsum auf höherem Gehaltsniveau gepflegt und die Wiederentdeckung der Psychoanalyse in Selbsterfahrungsgruppen zelebriert, in denen es bald weniger um die sozialistische Zukunft als vielmehr um die kleinbürgerliche Herkunft ging.

Die Hardliner bekämpften die Liberalisierung mit beeindruckendem Erfolg. So konnten die hochmotivierten Paranoiker der RAF ein folgenreiches mentales Aktionsbündnis mit den diensteifrigen Paranoikern der „Inneren Sicherheit“ bewerkstelligen und die DKP ihr zähneknirschendes Zugeständnis an das parlamentarische System durch die intrigenreiche Ausschaltung der innerparteilichen Opposition wieder ausbalancieren. Wer sich in jenen Jahren fragte, welche politischen Erfolge die Revolte gehabt hatte, mochte darauf noch skeptischere Antworten finden als heute.

Selbst die Beschäftigung mit dem nationalsozialistischen Massenmord, dessen nachdrückliche Thematisierung *das* Verdienst der Revolte gewesen war und ihr auch bei manchen Gegnern moralischen Kredit verschafft hatte, verlor jetzt an Glaubwürdigkeit. Denn die Nachkriegsjugend, die über ihre Väter zu Gericht gesessen hatte, wollte, wie Odo Marquard später pointierte, das Gewissen nicht haben, sondern *sein* – was nun auch daran abzulesen war, wie großzügig sie Staatsterror und Massenmord zu ignorieren, ja zu rechtfertigen bereit war, wenn er unter politischen Vorzeichen ausgeübt wurde, die ihnen sympathisch waren.

Erst die Entdeckung der Ökologie versorgte die Ausläufer der Protestbewegung dann mit dem unvergleichlich virulenten, sowohl internationalen wie heimischen Kampfthema der Kernkraft und transformierte sie wieder zur politischen Kraft. Da das Thema mehrheitsfähig zu werden versprach, setzte sich die Tendenz durch, den Widerstand aus der außerparlamentarischen Opposition in die Parteiendemokratie zu überführen. Im Spannungsfeld von Bürgerinitiativen und Parlament organisierten die „Grünen“ dann den mühsamen Demokratisierungsprozeß einer politischen Nachwuchs-Intelligenz, der die Vorzüge der Nachkriegsrepublik nicht immer gegenwärtig gewesen waren.

Bei dieser Parlamentarisierung sind bekanntlich nicht alle

Ausläufer der Apo integriert worden. Die Übriggebliebenen, die sich in euphorischem Autismus als „Autonome" verstehen wollten, setzten statt dessen die gewalttätigen Spielarten der Protestbewegung fort. Anders als die Grünen, die bei aller gebotenen Skepsis darauf hofften, mit demokratischen Mitteln den langen Bremsweg der Industriegesellschaft abkürzen zu können, versuchten die Autonomen eine Vollbremsung zu erzwingen. Die eskalierenden Gewaltdemonstrationen vor den Bauzäunen eroberten die Medien und prägten bald das öffentliche Bild der in Wahrheit überwiegend friedlichen (und damit für die Medien auch unergiebigen, weil langweiligen) Demonstrationen. In der Masse der Demonstranten konnten sich Feierabend-Guerilleros wie maoistische Fische im Wasser fühlen, denen allerdings völlig gleichgültig zu sein schien, was aus dem Wasser wurde, denn das zivile Demonstrationsrecht schien sie bald nur noch als Alibi für ihre martialischen Auftritte zu interessieren.

Ein weiteres Mal wurde so ein Liberalisierungserfolg der Studentenbewegung Opfer der Entwicklung. Die Demonstrationskultur, welche die Apo abseits der gewerkschaftlich gezähmten Maifeiern und Lohnkämpfe ausgebaut hatte, erhielt in der ökologischen Bewegung zum ersten Mal eine übergreifende Relevanz, da das mehrheitsfähige Thema auch solche Bürger an den Manifestationen teilnehmen ließ, die bis dahin geglaubt hatten, Politik würde nur von Politikern gemacht. Doch gerade als diese breite Solidarisierung dem Demonstrationsrecht ein neues politisches Gewicht zu geben begann, sorgte die Eskalation zwischen militanten Autonomen und einer paramilitärisch eingesetzten Polizei für seine Diskreditierung.

Jetzt ließ sich nicht mehr der „ästhetische Mehrwert" der Demonstrationskultur preisen, wie es Karl Markus Michel im berühmten „Kursbuch" 15 mit einigem Recht getan hatte; nun galt nicht mehr, was Karl Dietrich Wolff noch ein Jahrzehnt vorher hatte verkünden können, „unsere Demonstrationen werden immer schöner". Der seelische Temperatursturz, den die Revolte nach der Medienfusion mit dem alternativen Konsummilieu von *Love and peace* erfahren mußte, schlug sich in der Bezeichnung „Haßkappe“ nieder, welche die Autonomen jener Maskierung verliehen, mit der sie ihrer Identifizierung durch die mittlerweile auch medial hochgerüstete Polizei vorbeugen wollten.

Die demokratische Integration der radikalen Linken durch die Grünen konnte allerdings verhindern, daß die Eskalation vor den Bauzäunen die – bei manchen Politikern und Industriellen vermutlich sogar erwünschte – Ächtung der gesamten ökologischen Bewegung bewirkte. Damit haben die Grünen einen bemerkenswerten Beitrag zur Stabilisierung der Nachkriegsdemokratie geleistet, und mit „der öffentlichen Zurschaustellung von Lernprozessen“ (Cora Stephan) auch ihr Klima verändert. Diese besondere Bedeutung der Grünen für die Nachkriegsdemokratie bestätigte sich noch einmal zum Zeitpunkt der größten Glaubwürdigkeitskrise, welche die alte Bundesrepublik nach der „Spiegel-Affäre“ erlebte: Die nachdrückliche Aufklärungsarbeit der Grünen bei der „Flick-Affäre“ stärkte paradoxerweise das Vertrauen in die parlamentarische Demokratie, das gerade diese Affäre kräftig unterminiert hatte. Als die Flick-Affäre, wie manche andere auch, sichtbar werden ließ, daß nicht nur in totalitären Staaten, sondern auch in Demokratien die politische Klasse und die administrative Intelligenz eine Tendenz zur Selbstversorgung, vor allem aber zur Negativauslese ihres Nachwuchses entwickeln, konnte eine neue und unbelastete Partei vorführen, wie man mit einem solchen Problem innerhalb der Spielregeln der Demokratie umgehen kann.

Das Arrangement der Grünen mit dem parlamentarischen System war für die westdeutsche Nachkriegsrepublik also ein wahrhaft *historischer Kompromiß*. Aber trotz seiner enormen politischen Bedeutung blieb er ein lustloser Kompromiß, abgeschlossen in einem Land, in dem der Kompromiß ohnehin wenig gilt, ein zähneknirschendes Arrangement, ein Akt *erlittener* Vernunft. Obwohl es die Grünen waren, welche die radikale Linke in die parlamentarische Demokratie einbanden, kann man diesen Prozeß als zweite Etappe ihrer Sozialdemokratisierung betrachten, als Einmündung des langen Marsches durch die Institutionen in die parteipolitische Hektik aktiver Resignation.

Mag die Demokratisierung der Protestler ein Verdienst der ökologischen Bewegung gewesen sein, so ist die enge Eingrenzung der politischen Thematik dem intellektuellen Charisma der Linken jedoch schlecht bekommen. Das Niveau sank auf einen selbstgestrickten Spiritualismus im Krähwinkel ab oder schwang sich zu einem urbanen *big talk* auf, der schnell wechselnde Modephilosophien Pariser Provenienz offen als Konsumartikel handhabte. Der unbekümmerte Eklektizismus einer schicken „Postmoderne", in der monomane Theorien und monokausale Thesen reüssierten wie geistige Designermöbel, trat an die Stelle einer einst als generationsprägend erlebten Pop-Moderne.

Schnell hatte so die Linke ihre in den Jahren der Revolte faszinierende Meinungsführerschaft verloren, um die sie noch Anfang der achtziger Jahre von konservativen Leitartiklern wie Michael Stürmer beneidet wurde, die offenbar davon träumten, Begriffe so „zu besetzen", wie vormals Universitätsinstitute besetzt worden waren. Karrieren in den Schlüsselwissenschaften der Revolte hatten zu milieutypisch abgehobenen Theoremen gefunden, der akademische Pomp monologischer Kompetenz, die in deutscher Gelehrtentradition in die publizistische Breite ging, beförderte die Marginalisierung linker Theorie. Dagegen waren die einst als Formulierungshelfer willkommenen oder zumindest geduldeten essayistischen Einzelgänger wegen komplizierter Ansichten und eleganter Abweichungen nicht mehr konsensfähig, und den wenigen Parteivordenkern von Format mußte auf Dauer ihr Niveau durch eine widerspruchsvolle Funktionärsexistenz abgeschliffen werden.

Das intellektuelle Vakuum, das die grüne Wendung der linken Politik, der Akademismus der Traktate und die pragmatische Genügsamkeit von Gewerkschaften und SPD hatten entstehen lassen, wurde spätestens in der redseligen Sprachlosigkeit deutlich, die auf Botho Straußens „Anschwellenden Bocksgesang" folgte. Die theoretische Kompetenz, welche die Linke zu Recht in die Ökologie investiert hatte, fehlte ihr an anderen Schauplätzen des Politischen, auch und gerade in der vormals monopolisierten Kulturkritik, deshalb konnte Strauß seine Kritiker auf dem falschen Fuß erwischen. Aber das eigentlich Überraschende an der Reaktion auf Strauß war, wie entschlossen die Linke inzwischen jeglichen Verdacht einer gemeinsamen Sache mit der rechten Kulturkritik von sich weist. Das Wissen um gemeinsame historische Wurzeln, etwa in der Ablehnung des bürgerlichen Liberalismus oder im Anti-Amerikanismus, wird durch ein Bekenntnis zum demokratischen Tagesgeschäft verdrängt, das zwar sympathisch ist, aber recht mechanisch wirkt und sich seine Moral aus vagen und heterogenen Quellen zusammenpumpt. Nur als historisches Konsumgut scheint, wie das Revival der „Situationisten" gegen Ende der achtziger Jahre belegte, eine radikale linke Gesellschaftskritik heute noch denkbar zu sein, ansonsten hatte schon ihre historische Symbiose mit der Popkultur die antiautoritäre Bewegung ihre kulturkritische Glaubwürdigkeit gekostet.

Die Perspektiven des mürrischen Kompromisses mit dem Parlamentarismus waren um so grauer, als man damit auch auf eine motivierende Utopie verzichtete. Denn lange bevor konservative Kommentatoren wie Joachim Fest die Gunst der Stunde des Mauerfalls nutzen wollten, um der Linken die vermeintlich immer noch eigene Utopie heroisch zu entwinden, war sie von dieser schon gegen eine ziemlich realitätstüchtige Katastrophenphantasie eingetauscht worden. Wer in den achtziger Jahren noch mit einer Utopie antrat, machte sich doch auch unter Linken nur noch lächerlich.

Die kulturellen Utopien der sechziger Jahre, deren Signatur, nach Wolfgang Pehnt, Vervielfältigung und Produktsystematik waren, „im wesentlichen urbane Utopien, die sich aus technologischen und aus sozialen Utopien zusammensetzten" (Helmut Draxler), haben die ökologische und politische Ernüchterung der achtziger Jahre ebensowenig überlebt wie die sozialistischen Vorbilder der Neuen Linken. Die vollständige Umwandlung der Utopie in den provinziellen Kitsch, die dann dem einst vielversprechenden Zeitmaschinen-Architekten Leon Krier in Tateinheit mit dem sonderlichen Prinzen von Wales und einem unerschrockenen Werbegenie in eigener Sache, dem Kunsthändler Hans-Jürgen Müller („Atlantis"), gelang, ist ein denkwürdigerer Abgesang auf die Zukunft als manche konservativ triumphierende Retourkutsche gegen den Marxismus. Der dürfte sich ohnehin von selbst relativieren, weil ohne die Glaubwürdigkeit einer kommunistischen Utopie nur eine düstere Philosophie von ihm übrigbleibt, eine schwarze Anthropologie der unausweichlichen ökonomischen Abhängigkeiten.

Die Utopie der Neuen Linken war nur die Inkubationszeit ihrer Enttäuschung. Der Versuch, sich eine bessere Gesellschaft, den „Neuen Menschen" herbeizuträumen, ist als juvenile Auslotung eines biographisch noch offenen Horizonts glaubwürdig und in der Moderne womöglich archetypisch. Doch erwecken utopische Neigungen mit zunehmendem Alter nur noch den Anschein einer larvierten Depression. Vom Zukunftsentwurf, der die Moderne konstituieren half, ist die Utopie zum intellektuellen Genre verkommen, zur Idylle, die sich in dem Maße disqualifizieren mußte, wie sie als Vorwand des Terrors notorisch wurde. Vielleicht war sie niemals mehr als eine konstruktive Variante der Misanthropie.

Denn wer mühsam seinen Alltagserfahrungen zu trauen gelernt hat, kommt um den Schluß nicht herum, daß sich meist in schlechter Gesellschaft befindet, wer von ihren Einrichtungen Gebrauch macht. Aber auch mit dieser Einsicht kann man es übertreiben. Die Trägheit der Institutionen, die marodierende Irrationalität im Gewand pragmatischer Vernunft und die mutwillige Bösartigkeit der Gattung können zwar selbst den Unverdrossenen auf Dauer entmutigen. Aber wie die Utopie eine falsche Verallgemeinerung der guten Absichten ist, kann die Verallgemeinerung der schlechten Erfahrungen zu einer ähnlichen Weltfremdheit verführen. Die „Droge der Illusionslosigkeit" (Ulrich Greiner) ist eher wohl ein Methadonprogramm für jene, die sich mit Nachdruck von der Utopie lossagen, weil sie als deren Großhändler noch erinnerlich sind.

Wie der Utopist lebt auch der Desillusionist freilich nicht schlecht in den schlechten Verhältnissen. Man holt weiterhin die Brötchen beim selben Bäcker, achtet auf Rostflecken am

Auto und plant den nächsten Urlaub. Es scheint für das Funktionieren des Alltagslebens von zauberischer Belanglosigkeit zu sein, wie man zur Weltgeschichte steht. Doch ist es von großem Belang für die Kunst. Denn die Utopie war im 20. Jahrhundert ihr größter gemeinsamer Nenner mit der Politik.

Soziale Plastik

Schwierigkeiten mit Beuys

Für die Westdeutschen ist Joseph Beuys bis in die achtziger Jahre hinein geblieben, was ihnen Picasso in den Fünfzigern gewesen war, ein Kennwort für den Schnelltest, wie man es mit der zeitgenössischen Kunst hielt, ein *nom de guerre,* mit dem sich eine das ganze Land teilende Wasserscheide des Geschmacks lokalisieren ließ. Hatte man dem Katalanen seine figurativen Entstellungen und stilistischen Volten verübelt, so konnte Beuys aus anderen Gründen als polymorph extrem gelten: Als Kunst-Guru und Parlamentskandidat, Öko-Hirte und Bentley-Fahrer, als kryptischer Zeichner und enigmatischer Performer bot er Widersprüche und Angriffsflächen genug, auch ohne daß er ein Mikrophon ergriff und es nicht mehr hergab.

Doch im Gegensatz zu Picasso, der – wie viele seinesgleichen – die Distanz des modernen Künstlers zur Gesellschaft durchaus genoß, wollte Beuys sie immer weniger wahrhaben. Geduldig scharte er um sich, was immer sich scharen ließ, und erläuterte die Grundlagen seines Wirkens. Im Rückblick fragt man sich, welche Hoffnungen er in diese permanente Selbstdarlegung investiert haben mag. Jeden anderen zeitgenössischen Künstler hätte eine solche Wanderpredigt den Ruf kosten können; Beuys war eine Ausnahme wohl nur deshalb, weil seine Reden und Auftritte letztlich nicht weniger rätselhaft blieben als sein Werk. Daher haben seine Darlegungen die Distanz zwischen ihm und seiner Umgebung – der Akademie, der Kultusbürokratie, dem Bildungsbürgertum oder dem Laienpublikum – nur selten verkleinern, meist nur vergrößern können. Doch wuchs sein Ansehen bei Kunststudenten, Feuilletonisten und Ausstellungsmachern ungeachtet der Unverständlichkeit seiner Theorien und der Unzugänglichkeit seines Werkes, und es bleibt daher die Frage, womit Beuys so zu beeindrucken wußte.

Begriffswucher. Diese Frage läßt sich nicht allein, ja vielleicht am wenigsten mit seinem Werk beantworten: Es war lange Zeit kaum bekannt, auch dann noch nicht, als der Redner Beuys schon von sich reden machte. Selbst seinen frühen Studenten war es nicht geläufig.[1] Noch heute ist es ein labyrinthisches Gelände und allenfalls Spezialisten präsent. In der Öffentlichkeit bleibt es hermetisch und selbst in den großen Manifestationen auf anrührende Weise zurückhaltend. Im Gegensatz dazu gerieten die öffentlichen Auftritte des Urhebers bald in den Ruf eines aufdringlichen Messianismus.

Mit einem Nachdruck, der selbst gestandenen Missionaren Bewunderung abverlangt hätte, variierte Beuys seine Themen und umgarnte die Zuhörer mit einem Netz zauberischer Begriffe, als käme es auf jeden einzelnen an, als wäre er ein wirklicher Menschenfischer. In politischen Versammlungen mochte Beuys damit einen schweren Stand haben, denn mit der Ausführlichkeit seiner Erläuterungen konnte er selbst die Geduldigen gegen sich aufbringen. Doch in der Intimität des Dialogs oder einer Gruppe hatte auch mancher Skeptiker Mühe, sich seiner Ausstrahlung zu entziehen.

Ohne Zweifel war er von einer bemerkenswerten Suggestivität, in der sich Körpersprache und Outfit, Vision und Witz, Verschrobenes und Schlitzohriges, Selbstdarstellungsfreude und Sendungsbewußtsein, Geschäftssinn und Naivität mischten. Und als entscheidende Zutat besaß Beuys jenes instinktive Gespür für die persönliche Wirkung, das den erfolgreichen Agitator ausmacht. Dazu gehört es, in der Wahl der rhetorischen Mittel nicht kleinlich zu sein. Großspurig war seine Sprache schon, bevor sie auf politische Wirkung gepolt war, so, als hätte der Anspruch seines Düsseldorfer Lehrauftrags für „Monumentale Bildhauerei" auf sein Auftreten insgesamt abgefärbt. Von den Fluxus-Künstlern übernahm er Bezeichnungen wie *Partitur, Komposition, Symphonie* oder *Konzert* für seine ungewöhnlichen Aufführungen, Begriffe also, die im Bildungsbürgertum großes Ansehen besaßen, gegen dessen weihevollen Kunstbegriff Fluxus doch gerade antreten wollte.[2] Diese Verknüpfung avantgardistischer Aktionen mit einer offiziösen Nomenklatur war der Beginn dessen, was man den Begriffswucher in der Beuys'schen Rhetorik nennen kann, die durchgängige Okkupation angesehener Begriffe, deren öffentliche Bedeutung dispensiert, deren öffentliches Ansehen aber benutzt wurde.

So war später gleich von einer *Partei* die Rede, als sich ein paar Dutzend Leute ein paarmal getroffen hatten, eine offensichtliche Inkongruenz, die Beuys dadurch aufhob, daß er die 1967 gegründete „Deutsche Studentenpartei" in die „Fluxus ZoneWest" umwandelte. Aber bereits 1970 folgte eine „Organisation der Nichtwähler. Freie Volksabstimmung" und 1971 die „Organisation für direkte Demokratie durch Volksabstimmung (Freie Volksinitiative e. V.)", marginale Gruppierungen, die allenfalls von ihren wenigen Angehörigen ernst genommen wurden, auch wenn sie den populären Begriff des *Volkes* im Schilde führten. Als Beuys dann nach Alternativen zur Akademie suchte, von der er 1972 verwiesen worden war, mußte es gleich eine *Freie Internationale Universität* sein, als die seine ambulante Institution firmierte. Diese – mit vollem Namen – „Freie internationale Hochschule für Kreativität und interdisziplinäre Forschung" war, wie er in der Ablehnung eines Studienbewerbers ausführte, zwar nur „eine internationale Forschungsgemeinschaft" („Der aktive Personenkreis ist relativ klein"), zugleich handelte es sich jedoch um nichts Geringeres „als den Gesellschaftsentwurf jenseits von Kapitalismus und Kommunismus".[3]

Nicht nur die Namen dieser politischen Briefkastenfirmen gehorchten dem Stilprinzip der Überdimensionierung. Auch die wissenschaftlichen, philosophischen und politischen Begriffe, die Beuys verwendete, wollten mit einem gleichsam nominalistischen Prestige verfangen. Schon allein das Stichwort des *Kapitals* stand für einen komplexen Begriff, den zu verstehen sich seinerzeit viele vergeblich abmühten, die brav das Werk von Karl Marx studierten, während Beuys es für den Hausgebrauch mit dem egalitären Romantizismus füllte, der seine politischen Reden in ihren unscharf mäandernden Schwebezustand versetzte. Wenn er hart an der Wissenschaftsparodie vorbeischrammte und den Absurditätsbonus, den die politische Rede hierzulande ohnehin genießt, heillos überzog, dann fiel es schwer, sich vorzustellen, welchen Reim sich seine Gefolgschaft auf diese freihändig wirkenden Gedanken gerade mal wieder machen mochte.

Es hatte nachgerade etwas prätentiös Akademisches, wie er mit Begriffen hantierte, die in den zuständigen Wissenschaften als die schwierigeren gelten, weil man dort ihre lange und komplizierte Begriffsgeschichte nicht zu ignorieren vermag. Aber gerade darin lag der entscheidende Teil der politischen Wirkung von Beuys, daß er nämlich in die Zuständigkeit des *common sense* zurückzuholen versprach, was längst Angelegenheit des Sachverstands geworden war. Seine Opposition gegen das theoretische Erklärungsmonopol der Wissenschaft verfing um so mehr, als sie einen kräftigen Beigeschmack jenes kleinbürgerlichen Revanchismus hatte, der eigentlich um die Anerkennung durch die Institutionen buhlt, die er bekämpft.

Doch täte man Beuys Unrecht, wollte man behaupten, sein manchmal abenteuerlich wirkendes Theoretisieren sei nur auf Bluff aus gewesen, denn er sprach ganz offensichtlich mit dem herausfordernden Partizipationsanspruch des genialischen Quereinsteigers. Diese Haltung prägte auch seinen Widerstand gegen das politische Handlungsmonopol der Parteien („Überwindet endlich die Parteiendiktatur", 1971), dem man im nachhinein, nach der „Parteispendenaffäre" wie auch angesichts der Diskussion über den „Staat als Beute", eine gewisse prophetische Bedeutung nicht absprechen kann. Wie weltfremd und abwegig seine politischen Lösungen aber für sich genommen klingen konnten, wird in den Karikaturen deutlich, die seine devoteren Schüler bis heute liefern. Wenn sie die Methode des Meisters ohne dessen Ausstrahlung anwenden, stellt sich heraus, daß ohne Charisma leicht nach Humbug klingt, was zu einem bestimmten Zeitpunkt, für den Beuys ein großes Gespür besaß, nach Tiefsinn tönte.

Man hatte weniger Mühe, seinen Reden zu folgen, wenn

man sich vorstellte, daß er seine Begriffe in metaphorischer Weise benutzte, als eine Art politischer Lyrik. Dann ließen sich auch Vokabeln wie die des *Volkes* ertragen, die er ohne Rücksicht darauf zu verwenden schien, wie problematisch sie längst geworden, ja von Anfang an gewesen waren. Die politische Karriere von Beuys läßt sich vielleicht am besten als die Propagierung eines missionarischen Idiolekts begreifen, was ein Paradox bleiben müßte, hätte sich dieser Idiolekt nicht angesehene Begriffe und prestigeträchtige Schlagworte anverwandelt.

Prominenz. Trotz seines subjektivistischen Umgangs mit Politik und Wissenschaft konnte Beuys eine angesehene und zeitweise beinahe einflußreiche Figur des öffentlichen Lebens werden, weil er das Talent besaß, die richtigen Themen zum richtigen Zeitpunkt aufzugreifen. Man hat ihm dieses Geschick als Opportunismus auslegen wollen, weil er sich Fluxus gerade zu dem Zeitpunkt anschloß, als die Bewegung von sich reden machte, die „Studentenpartei" im Fahrwasser der außerparlamentarischen Opposition gründete und das Ökologische in seinem Werk akzentuierte, als die Grünen dem Thema zum öffentlichen Durchbruch verhalfen. Doch unterschätzt eine solche Betrachtungsweise die Komplexität der Beuys'schen Identifikationen. Wenn Beuys die Fluxus-Bewegung, die Apo oder die Grünen für sich entdeckte und reklamierte, dann auch deshalb, weil er in ihnen wesentliche Aspekte seines Werkes wiedererkennen konnte.

Zugleich blieben seine politischen Identifikationen aber auf sonderbare Weise monadisch. In dem aufschlußreichen Dossier „Der Botschafter" hat Beuys 1982, auf Aufforderung von Dieter Hacker und Bernhard Sandfort, diejenigen seiner Aktionen zusammengestellt, die er ausdrücklich als politische ansah. Die zwölf von Beuys handschriftlich kommentierten Fotos von Ute Klophaus belegen den äußerst persönlichen Zugang, den Beuys zur Politik hatte.[4] Sie zeigen ihn mit prominenten Politikern, so mit Willy Brandt (*„1. Mai 1970/unfruchtbares Gespräch"*), Rudi Dutschke (1977) und Otto Schily (1980), zweimal mit Berliner Hausbesetzern (1981) und bei der Besetzung des WDR (1980), mit Jimmy Boyle (1975) sowie bei der bekannten Aktion „Ausfegen“ am 1. Mai 1972 auf dem Berliner Karl-Marx-Platz. Als Herzstück der Serie dokumentieren zwei Abbildungen Beuys’ persönlichen Triumph über seinen Dienstherrn, den ehemaligen Wissenschaftsminister des Landes Nordrhein-Westfalen, Johannes Rau, der ihn entlassen hatte: Ein Foto, das Beuys beim Ausfegen eines Düsseldorfer Akademieflures zeigt („*die Studenten brauchen B/B braucht die Studenten*“), steht einem Foto aus einem Gerichtssaal gegenüber („*1974/Johannes Rau/SPD/verliert den Prozeß*“).

Neben dem aparten Hauch von Illegalität, mit dem sich der etablierte Marktstar ausstattete, fällt an dieser Serie nicht nur der extrem persönliche Zugang zur Politik, sondern vor allem der Hang zur Prominenz ins Auge: Der „Botschafter“ ist eine überaus auffällig gekleidete und häufig, ja systematisch fotografierte Person, dem jede neue Gruppierung eigentlich nur einen neuen sozialen *Rahmen* stiftet. Beuys’ Gespür für die Magie der Prominenz war in der Tat nicht weniger entwickelt als das für den richtigen Zeitpunkt eines Themas – darin bestand seine Verwandtschaft mit Andy Warhol. Aber während Warhol sich nach einer puren Prominenz ohne individuelle Kontamination und historische Irritationen sehnte, zählten für Beuys weniger der Glamour als vielmehr das Rebellische und Sektiererische als Energiekern einer *alternativen* Prominenz.

Das hat manche Beobachter schon früh abgestoßen und ist gerade bei den in dieser Hinsicht besonders sensibilisierten Grünen schließlich auf wenig Gegenliebe gestoßen. Man kann das Sektiererische aber weder als eine Art Betriebsunfall aus dem Beuys’schen Image ausblenden noch sein Ansehen damit diskreditieren, denn es war nichts anderes als die soziale Erscheinungsform seines missionarischen Idiolekts. Man muß diesen gleichsam formalen Anteil eigens betonen, weil die religiösen und politischen Aspekte seiner Erscheinung sowohl bei Anhängern wie Kritikern gerne überbewertet werden.

Vor einer solchen Überbewertung könnte schon die Erinnerung daran bewahren, daß die moderne Kunst ihren Weg in die Gesellschaft durchweg über ein anti-akademisches Sektierertum der Künstler gefunden hat, zu dem bekanntlich schon früh auch Sonderlichkeiten der Kleidung gehörten.[5] Man braucht für das Verständnis des politischen Anspruchs von Beuys daher die Anthroposophie Rudolf Steiners nicht überzubewerten, denn seit dem frühen 19. Jahrhundert ist der Avantgardismus als eine ästhetische Sozialisation dem Sektierertum stets eng verwandt gewesen. Es handelte sich in den meisten Fällen zwar nicht um Organisationen, die auf langfristige Effektivität angelegt waren, aber zu ihrer Selbststilisierung gehörte in der Regel auch ein politischer Wirkungsanspruch. Freilich stand er unter verschiedenen Vorzeichen, wie sie etwa in den Positionen des George-Kreises und der Dadaisten ihre Gegenpole fanden, und blieb auch meist mehr Pose als Politik, pittoreske Politik. Doch haben italienische Futuristen in der faschistischen Bewegung oder französische Surrealisten in der kommunistischen zeitweise durchaus ihre öffentliche Bedeutung besessen.

Der Rahmen, in dem Beuys scheinbar archaisch agierte, war also ein schon klassisches Repräsentationsmodell der Moderne, und wer sich daran störte, wie sehr Beuys sein politisches Erscheinungsbild vom Personenkult bestimmen ließ, hatte vielleicht nur vergessen, wie autoritär einst André Breton die Surrealisten instrumentalisiert oder wie geschickt Marcel Duchamp seine eigene Legende in die Hand genommen hatte. Man könnte die politischen Identifikationen von Joseph Beuys eher als das soziale Delirium eines schicksalhaften Einzelgängers betrachten, der sich an der unerwarteten Objektivierung seiner verwegensten Ideen berauschte. Die Geselligkeit des Künstlers mit seinen Projektionen, in die sich Marcel Duchamp ironisch hineinspiegelte, zelebrierte Beuys zwar mit großem pädagogischem Ernst, aber auch *La rivoluzione siamo noi* war letztlich nur das *Wir* eines durch den Siebdruck vervielfältigten Einzelgängers – *ars multiplicata* als politische Phantasmagorie.

Identifikation. Einen entscheidenden Schlüssel zum Verständnis seines politischen Verhaltens liefert womöglich Beuys' auffällige Weigerung, den institutionellen Unterschied zu seinen

Studenten anzuerkennen und sich als Repräsentant der Hochschule zu verstehen, die ihm ein Amt übertragen hatte. Dieses „Bemühen, sich mit Studenten auf eine Stufe zu stellen“[6], machte den verbeamteten Professor zum paradoxen Gründer einer „Studentenpartei“ und zum Interessenvertreter abgewiesener Studienbewerber, die er in seine Klasse aufnehmen wollte. Schließlich kulminierte es darin, daß er seine Stellung tatsächlich aufgeben mußte, weil er mit und im Namen von Studenten das Akademiesekretariat besetzt hatte, zu dem er als Professor jederzeit hätte Zutritt erwirken können.

Diese Weigerung, sich von den Studenten zu unterscheiden, erinnert an die karitative Überidentifikation, an der Simone Weil 1943 im englischen Exil gestorben ist, als sie, krank und entkräftet, ihre Mahlzeiten an den Rationen bemaß, die ihre Landsleute auf Lebensmittelkarten erhielten.[7] Zwar kokettierte Beuys eher mit dem Motiv der Selbstaufopferung („Ich ernähre mich durch Kraftvergeudung“), aber es ist vielleicht nicht abwegig, seine Überidentifikation im Sinne Simone Weils als Ausdruck einer Sehnsucht nach sozialer Verschmelzung anzusehen.

Überhaupt hatte das politische Engagement von Beuys den Charakter eines Psychodramas. Wie in einer parodistischen Kurzfassung der Studentenbewegung begann die Politisierung von Beuys in Konflikten mit der Hochschule und führte dann über die Gründung marginaler Parteien zu den Grünen und schließlich in die Privatheit des professionellen Erfolgs. Mehr als jeder andere Nachkriegskünstler hat sich Beuys auf den Aktionismus, das symbolische Politikverständnis, den unbekümmerten Anarchismus und die utopische Orientierung der Studentenbewegung eingelassen. Ihn dürfte nicht zuletzt auch die Rechthaberei fasziniert haben, welche die Revolte um den Preis von Lächerlichkeit, Isolation und Wirkungslosigkeit durchhielt. Andernfalls fiele es schwer zu verstehen, warum er ein Foto, das ihn 1972 beim Verlassen des besetzten Sekretariats durch ein Polizeispalier, also in einem Augenblick der Demütigung zeigt, ein Jahr später mit der Aufschrift „Demokratie ist lustig“ bei Klaus Staeck als Postkarte edieren ließ.

Trotz seiner Affinitäten zur Studentenbewegung und ihren

Ausläufern blieb deren Anerkennung ihm aber letztlich versagt. 1979 hatte er es zwar immerhin zum Kandidaten der Grünen für die Wahl des Europa-Parlaments gebracht, doch war sein Charisma auf Dauer nicht in das Milieu des ökologischen Ablegers der Studentenbewegung zu übertragen, was auch mit dem dort üblichen Mißtrauen gegenüber der radikalen modernen Hochkunst zusammenhing. Die Zusammenarbeit – für Beuys sicherlich die ersehnte Synthese aus Kunst und Politik – nahm ein jähes Ende, als die Grünen ihm einen Listenplatz für die Bundestagswahl verweigerten. So mußte Beuys, der in diesen Jahren den Zenit seines Ruhmes erreichte und in seiner erstrangigen künstlerischen Bedeutung auch international anerkannt wurde, als Politiker ein Phantom von eigenen Gnaden bleiben.

Um so mehr irritierte es, wie entschlossen er bis zuletzt zu sein schien, seine ästhetische Position völlig in eine politische aufgehen zu lassen. Doch blieb die entschieden deklamierte Grenzübertretung („Hiermit trete ich aus der Kunst aus", 1985) nur eine weitere seiner notorischen Grenzverwischungen. Der Anspruch des „erweiterten Kunstbegriffs" bildete das Leitmotiv seiner zähen Versuche, begriffliche Unterschiede und historische Bedeutungen bis zu einem Punkt zu leugnen, wo die darauf gegründete Rede zwangsläufig in Unsinn umkippen muß. Mit der Parole *Jeder Mensch ein Künstler* und dem Versuch, jedes Detail der Gesellschaftsgestaltung und jeden Arbeitsprozeß zur *sozialen Plastik* (und nicht, allenfalls, zu Trivialdesign und Alltagspraxis) zu rechnen, konnten nur emotive Konnotationen verheiratet werden, ohne daß die Ehe der dazugehörigen Begriffe vollziehbar gewesen wäre.

Das zirkuläre Argumentationsmuster der Begriffsverwischung, eine geläufige Vorwärtsverteidigung des missionarischen Laien, hat seinem Ansehen unter Wissenschaftlern und Intellektuellen massiv geschadet, nicht aber unter seinen Schülern und Sympathisanten. Denn es machte die Angelegenheit um so bedeutsamer, daß Beuys damit auf eine Weise argumentierte, die man im In- und Ausland gerne mit den Deutschen assoziiert. Im Gegensatz zum analytischen Scharfsinn und pragmatischen Empirismus, wie er mit angelsächsischen, und zum Sinn für Differenzen und Zusammenhänge, wie er mit romanischen Traditionen verknüpft wird, geht die Verwischung der Unterschiede hierzulande leicht als Volksausgabe einer universellen Poesie durch, die sich auch als Politik ausgeben darf. Nicht der klassizistische Sinn für Maß und Differenz, der die Aufklärung von Leibniz bis Kant auch in Deutschland prägte, garantiert Aufsehen, sondern der Traum von der großen Einheit, sei es die der Nation, der politischen Front oder auch nur eines Gesamtkunstwerks.

So war es keine schlechte Pointe, daß Marcel Broodthaers, als er Beuys öffentlich kritisieren wollte, dafür die elegante Maskerade eines angeblich wiederentdeckten Briefes von Jacques Offenbach an Richard Wagner wählte.[8] Das Assoziationsfeld dieser polemischen Parallelisierung von Wagner und Beuys reicht freilich über den beabsichtigten Vorwurf des ehrgeizigen Opportunismus, der Mythophilie und der Gesamtkunstwerkelei hinaus, nämlich bis hin zu den politischen Langzeitschäden der Romantik, auch solchen ihres partiell manifesten Antisemitismus.[9] Kann man aber Beuys, der sich durchaus in romantischer Tradition sah und Wagner große Bedeutung beimaß, auch in jene Rezeption der Romantik einordnen, in der sich ein imperialer und später totalitärer Nationalismus mit Wagners Namen verknüpft hat? Ob Broodthaers' fiktional getarnter Brief diese Assoziationsmöglichkeiten beabsichtigte, steht dahin, aber er taugt wohl kaum als Beweisquelle.

Man muß freilich zugeben, daß Beuys seine politischen Kritiker durch biographische Legendenbildung, kulturtheoretische Mystifikationen und die Duldung eines sowohl kommerziellen wie pädagogischen Personenkultes geradezu mutwillig brüskierte. Aber letztlich waren es nicht Messianismus und Führerkult, also die politische Erotik, die das Gehabe von Beuys und seiner Umgebung suspekt erscheinen lassen mußten, als vielmehr der Anspruch des Künstlers auf eine besondere moralische und politische Bedeutung. Dieser Anspruch ist allerdings nicht von Beuys erfunden worden, vielmehr dient hierzulande die Ferne der Künstler vom Tagesgeschäft der Politik schon als hinreichender Beleg einer besonderen moralischen Kompetenz. Die Gründe für diesen Kurzschluß sind seit Heinrich Heines Polemik gegen die „Romantische Schule“ geläufig. Das lange Ausbleiben einer funktionierenden politischen Öffentlichkeit hatte die ästhetische Öffentlichkeit damit überfordert, dieses Manko zu kompensieren.

Wenn das Gehabe von Beuys noch von den Nachwirkungen dieses Mankos inspiriert war, dann erblickte man ihn jedoch nicht in der Rolle, die seine Freunde Heinrich Böll und Klaus Staeck einnahmen oder Günter Grass, noch interessierte ihn die Nachfolge Ludwig Börnes oder Heines, für die Peter Rühmkorf, Wolf Biermann oder Hans Magnus Enzensberger standen. Vielmehr agierte er in der Rolle des umfassend gebildeten und subtil inspirierten Genies, dem es gelingt, das Wissen seiner Zeit, ohne deren Vorurteile, in der Perspektive einer individuellen Gesamtschau zusammenzufassen: Augenzeugen der späten Karriere von Beuys konnte (und sollte) es manchmal wohl so scheinen, als wäre ein grüner Goethe des ökologischen Umbruchs unter die Seinen gelangt – und zwar ein Goethe mit vielen Eckermännern.

Das Werk. Gewiß ist jede psychologische Deutung der Kunst eine Zumutung, im Fall des Politikers Beuys aber vielleicht eine konstruktive Unhöflichkeit. Schon in seiner Kostümierung ließ sich eine prophylaktische Maßnahme erblicken. Hüte und Westen, lange Mäntel, auch aus Pelzen, und Jeans drapierten die ohnehin auffällige Erscheinung eines schmalen, hochbeinigen, fast zerbrechlich wirkenden, dennoch vital gestikulierenden Mannes. Ein wacher und fesselnder Blick regierte das Gesicht, das beinahe kindlich aussehen konnte, dann wieder die Konturen des Schädels durchscheinen ließ wie ein *memento mori.* Die exzentrische Kleidung wirkte wie die seelische Panzerung eines Gezeichneten, der Gründe für seine Auffälligkeit reichlich vorschiebt, um die Angst davor zu bewältigen, möglicherweise aufzufallen.

Doch gilt nicht die Psychologisierung der Person als die eigentliche Häresie der Beuys-Rezeption, sondern die Absicht, sich auf das künstlerische Werk im engeren und traditionellen Sinne einzulassen, ohne die sich üppig darum rankenden Theorien und Spektakel berücksichtigen zu wollen. Wer das Oeuvre in seiner beunruhigenden Rätselhaftigkeit würdigen möchte, gilt aus verschiedenen Gründen als Verräter: Die Hinterbliebenen der Beuys'schen Missionsschule wittern darin die arglistige Unterschlagung des umstrittenen Volkstribunen, und die erweiterte Gemeinde identifiziert so die bloß an Sachwerten interessierten Fachidioten des Kunstmarktes. Die orthodoxe Verklammerung von Werk und Lehre kann sich als Besichtigungsanweisung auf Beuys berufen, denn er hat die Einheit zwischen seiner politischen Lehre und seinem Werk betont und mochte bisweilen sogar den Verdacht erwecken, ein denkender Künstler *ohne Werk* werden zu wollen, wie es Marcel Duchamp schon eine Zeitlang gewesen zu sein schien. Doch verwischte seine Abneigung gegen Unterschiede und präzise Definitionen letztlich auch den Widerspruch von Anti-Kunst und Kunst, womit die künstlerische Produktion wieder legitimierbar wurde, zumindest die eigene.

Im Verhältnis zu Duchamp bietet die Objektkunst von Beuys einen aufschlußreichen Kontrast. Mit ihrer Verschränkung von narrativer, mythomaner Aufladung und drastischer, materialbezogener Konkretion steht sie für eine völlig andere Umgangsform mit Objekten, als sie in der Nachfolge Duchamps für vertretbar gehalten wird. Der avancierten Kritik gilt es daher als Regression auf das Niveau eines Fetischismus, wie Beuys das von Duchamp gesetzte Lernziel der Moderne unterboten hat. Vom Standpunkt einer von Duchamp inspirierten Ästhetik kann man das Werk von Beuys sicherlich verwerfen, man kann sich allerdings auch fragen, warum die Duchampsche Tradition (und welche dann) alleinseligmachend sein soll. Zweifellos hat Beuys die Herausforderung erkannt, die durch Duchamps Mehrdeutigkeit im Umgang mit Objekten und seine schöpferische Indifferenz in die Kunst eingebracht worden ist, aber er hat sie nicht als verbindlich anerkennen wollen. Statt dessen kritisierte er 1964 die Rezeption Duchamps mit einer Aktion unter dem einleuchtenden Slogan

„Das Schweigen von Marcel Duchamp wird überbewertet". Diese Kritik spielt darauf an, mit welcher – inzwischen regalmeterfüllenden – Dankbarkeit intellektuelle Betrachter das erklärtermaßen unsinnliche Werk Duchamps und dessen offensive Zurückhaltung zu quittieren pflegen. Die Leere seiner lakonischen Rätsel hat eine Fülle von Deutungen herausgefordert, die sich dem schlanken Werk inzwischen wie Fettgürtel anlagern.[10] Daher war die Antwort angebracht, mit der Jochen Gerz 1973 auf die Beuys'sche Aktion reagierte: „Beuys, le silence de Duchamp n'a pas eu lieu!"

Ohnehin nahm Beuys die Sache nicht immer ganz so ernst, wie eine Äußerung von 1965 nahelegt: „Das Lachen der Beatles gilt mehr als die Anerkennung von Marcel Duchamp."[11] Seinerseits stand er auch nie im Verdacht der Schweigsamkeit, ganz im Gegenteil hätte er sein Werk beinahe zerredet. Als sein eigener Cicerone übertraf Beuys sogar die These eines seiner Gegner, Arnold Gehlen, von der *Kommentarbedürftigkeit der Kunst.* So hat er das letztlich entscheidende Mißverständnis befördert, sein Werk sei verständlich, weil es bestimmte *Themen* behandele. Nicht erst sein Engagement für die Grünen hatte zur Folge, daß man das spröde Oeuvre für sprachlich übersetzbar halten mochte. Die Selbsterläuterung hat sein assoziationsreiches und evokatives plastisches Repertoire zum eindimensionalen, beinahe symbolistischen Vokabular verkürzt, in dem Filz für Wärme, Kupfer für Leitungsfähigkeit und überhaupt alles irgendwie für Energie steht und das inzwischen jeder ästhetische Frischling nachbetet.

Schwerer wiegt, wie er, beinahe populistisch, die Standards senkte, auf deren Höhe moderne Kunst betrachtet werden will (und muß). Der Verzicht auf den gesellschaftlichen – und meist musealen – Schutzraum der Kunst, der sich in der rigorosen Orientierung *am Leben* ausdrückte, und die Demontage des spezifischen Anspruchs auf Bildung, in deren Horizont sich die Sinnlichkeit der modernen Kunst paradoxerweise erst entfaltet, ermutigten gerade die ungebildeten unter seinen Kritikern, erschwerten aber auch wohlwollenden Betrachtern die Entscheidung, ob dieses Werk noch in den distanzierenden Kategorien der Kunst oder schon im direkten Verständnis von Politik zu diskutieren ist – eine Schwierigkeit, der auch diese Interpretation nicht entgeht. Jedenfalls wirkten seine politischen Ankündigungen und sein tatsächliches Verhalten im Kunstbetrieb so konträr, daß man Beuys vielleicht weniger von seinen Selbstaussagen und Programmen, als vielmehr von seinen Widersprüchen her verstehen sollte. Wie jeder Avantgardist wußte schließlich auch er, daß der Ketzer nur in der Kirche Aufmerksamkeit findet.

Bei einem schwächeren Werk hätte die vorauseilende Dienstleistung der Selbstkommentierung tragisch enden können, so blieb sie nur ein Aperçu, weil Beuys wohl der letzte überragende Künstler war, der es sich ohne unfreiwillige Komik erlauben konnte, auf das Rätselhafte und Magische der Kunst zu setzen, das sich auch durch die überall nachgeplapperten Übersetzungshilfen nicht zerstören läßt. Mit seinem Werk ist der sonderbare Fall einer höchst artifiziellen *art brut* zu bewundern; daher ist bei Beuys der Kometenschweif der Interpretationen auch weniger komisch als bei Duchamp, denn in der Literatur zu Beuys wird die Konkurrenz der Rationalität mit dem Zauber ausgetragen, der Kampf der totalen wissenschaftlichen Explikation gegen eine sich idiosynkratisch abkapselnde Sinnlichkeit, der ordnende Zugriff gegen die verschlungene Einheit des Werkes.

Utopie. Keine der kurrierenden Charakterisierungen hat das Werk von Beuys daher besser getroffen als Harald Szeemanns paradoxer Begriff der „Individuellen Mythologie". Der Widerspruch zwischen dem monomanen Werk und seinem universalen Anspruch ist in dieser Einschätzung bestens aufgehoben; sie schlägt den Bogen von der bürgerlichen Gesellschaft, die im Individualismus die einzige weltanschauliche Synthese ermöglichen will, zum narrativen Weltbild geschlossener Gesellschaften, die keine Individualität kennen. Im Kontrast des Unvereinbaren zielt sie weniger auf die Regression des Mythomanen als vielmehr auf die Einsamkeit des Weltverbesserers, einer randständigen, gefährdeten Figur, der es gelingt, sich in eine sinnstiftende Mitte zu lancieren.

Das Werk von Beuys war in der Tat nicht allein einer vorwärtsgewandten Utopie gewidmet, sondern auch ihrer Verbindung mit dem Ursprung, der „Einwurzelung" (Simone Weil). Nicht erst die Prominenz der Utopie in der Studentenrevolte und deren Rückgriff auf Ernst Bloch hat sie in Beuys' Werk verankert, sondern bereits sein „Projekt Westmensch".[12] Es verknüpfte die Utopie mit der Anthropologie, daher ist es verständlich, warum der Anthropologe Arnold Gehlen in einer berüchtigten Fernsehdiskussion äußerst ungnädig mit Beuys umsprang.[13] Der kunstsinnige Aachener Soziologie-Professor mußte sich durch Beuys' Zugriff auf die Anthropologie provoziert fühlen, die ja auch und gerade der konservativen Politik als fundamentalistische Hilfswissenschaft dient.

Beuys' Utopie weist allerdings den eigentümlichen Zug einer räumlichen Bezugnahme auf. Sie verleiht dem Exotismus des Werkes einen zusätzlichen exotischen Zug, weil Beuys sich nicht, wie hierzulande üblich, auf die „klassischen" südlichen Landschaften oder die *seligen Inseln* bezog, sondern auf Eurasien und die nordische Mythologie. Auch der Primitivismus, der damit ins Spiel kommt, ist nicht jener der „klassischen Moderne", der hauptsächlich auf Afrika Bezug genommen hatte, sondern einer der kalten Regionen, in denen das „Wärmeprinzip" freilich auch erst Sinn machte.

Es ist ein Vorteil der Zuordnung von Beuys zur individuellen Mythologie, daß sie im Horizont anthropologischer, narrativer und utopischer Anspielungen den Charakter des Einzelgängers, des Außenseiters festhält. Obwohl gerade in den sechziger Jahren, befördert etwa durch die anarchistischen Strömungen der Anti-Psychiatrie, der Außenseiter zum Kulturhelden zu avancieren schien, war Beuys an dieser seiner existentiellen Rolle offenkundig nur wenig interessiert. Vielmehr wollte er, wie manche andere Randfigur des sozialen *mainstream* auch, kein Außenseiter bleiben. So wurde er zum Utopisten. Denn die Utopie ist die Liebeserklärung des Außenseiters an eine Gesellschaft, die er – und die ihn – nicht akzeptiert.

Magnifizenz Lüpertz

Der Charme der Konterrevolution

Die frohe Botschaft kam von höchster Stelle, und die Verblüffung der Ungläubigen war absehbar: „Alle Genies sind gleich, und ich gehe davon aus, daß wir alle Genies sind." Der neu gewählte Rektor der Düsseldorfer Kunstakademie war es, der im Januar 1988 seinen Kollegen die stärkenden Worte via *dpa* zukommen ließ. Aber sie richteten sich auch gegen einen Kollegen, der seine ehemalige Wirkungsstätte nicht verlassen wollte, obwohl er schon zwei Jahre lang tot war. Denn mit dem Geniestreich begründete Markus Lüpertz sein Vorhaben, das verwaiste Dienstatelier von Joseph Beuys in ein „Professorenkasino" umzuwidmen, wie es die lokale Beuys-Nachhut aufgebracht apostrophierte, die ihrerseits im Verdacht stand, den umstrittenen Raum nur als schwiemelige Weihestätte in Beschlag nehmen zu wollen. Die polemische Assoziation zum Offizierskasino kam nicht von ungefähr, auch wenn der *spiritus rector* dieses Planes mit seinem wiegenden Gang, der untersetzten, aber kräftigen Gestalt und der outrierten Kostümierung an einen Offizier am allerwenigsten gemahnt. Der Ton machte die Marschmusik; durch seine apodiktische und kompromißlose Art mußte Lüpertz den diskussionsfreudigen Liebhabern des *Wenn und Aber* wie ein Fossil längst vergessen geglaubter Traditionen erscheinen.

Der Geist aus der Flasche. Bereitwillig legte Rektor Lüpertz Konfliktstoff nach und konnte die Hilflosigkeit seiner Gegner genießen, die glaubten, ihn zu zitieren sei die zugleich einfachste und beste Art, seinem Ansehen zu schaden. Sie mußten jedoch bald erkennen, daß der linksliberale Konsens, auf dessen Folie sich die Lüpertz-Zitate in der Tat wie Realsatire ausnahmen, in den achtziger Jahren obsolet geworden war, ja, daß alles, was die antiautoritäre Revolte glaubte, auf Dauer abgeschafft zu haben, in Wahrheit komprimiert und unter Hochdruck, wie in einer gut verkorkten Flasche, überlebt hatte.

Mit der Rektoratswahl war der Korken gelüftet worden, und nun hatte man das Märchen neu zu lesen, das Scheherezade in der dritten Nacht erzählt: „Plötzlich jedoch drang ein Rauch aus der Flasche hervor, der bis hoch zum Himmel aufstieg und dahinkroch über die Erde; als der Rauch seine volle Höhe entwickelt hatte, zog er sich zusammen und verdichtete sich und geriet in Bewegung und ward zu einem Dämon, dessen Scheitel die Wolken berührte, während die Füße auf der Erde standen." So, wie der neue Rektor sich in seinem Amt aufrichtete, wurde tatsächlich sichtbar, welches hochschulpolitische Vakuum die antiautoritäre Revolte hinterlassen hatte; Lüpertz selbst mag sich am meisten über das Ausmaß des Hohlraums gewundert haben, in den er hineinwachsen durfte. Da stand er nun, das Haupt in den Wolken, mit Heine und Hölderlin disputierend, mit den Füßen unter jenen, die sich fragten, wer ihn denn überhaupt freigelassen hatte, oder ihm gar einladend die *Meister-Proper*-Flasche hinhielten. Aber einmal entwichen, dachte er natürlich nicht daran, in das Gefäß zurückzukehren, und nahm daher auch die Ankündigung bald wieder zurück, das Amt nur für eine Wahlperiode zu versehen.

Wenn es eine entscheidende Erfolgsstrategie von Beuys gewesen ist, mit extremen Polarisierungen für Beachtung innerhalb und außerhalb der Akademie zu sorgen, dann hat er an seiner ehemaligen Wirkungsstätte in Lüpertz einen ebenbürtigen Nachfolger gefunden, auch wenn dieser einen ganz anderen Lehrstuhl bekleidet. Eine weitere Parallele ist in dem prägenden Einfluß auf manche ihrer Studenten zu beklagen, denn in der Kopie zweiten und dritten Grades ist nun mal schwer zu ertragen, was man dem Original durchgehen läßt. Aber im Vaterland der bequemen Feindbilder kann Lüpertz kein unwillkommener Gast sein, zwingt seine Anwesenheit doch, genau wie einst die von Beuys, zu einer Differenzierung, die an der Kunst immer auch eine politische Tugend einübt. Dies zu beabsichtigen, läge Lüpertz freilich fern, denn soziologische Aufklärung zählt er nicht zu seinen Aufgaben. Dennoch ist seine Karriere von kunstsoziologischem Interesse.

Es stellt sich nämlich die Frage, warum ein Mann wie Lüpertz es zum Repräsentanten der angesehensten deutschen Kunstakademie bringen konnte, an die er kaum zwei Jahre zuvor und gegen einigen Widerstand berufen worden war. Die hochschulpolitischen Motive sind leicht zu verstehen: Lüpertz' entschiedenes Auftreten versprach genau jenes repräsentative Durchsetzungsvermögen, dessen jede Hochschule bedarf, um in der selbstbewußten und auf subtile Vorherrschaft bedachten Administration ernst genommen zu werden. Der Mythos von der besonderen Effizienz eines autoritären Regiments verfing auch bei aufgeklärteren Kollegen, die der ergebnislosen Dauerdispute überdrüssig waren, welche die Selbstverwaltung von Künstlern nicht erst seit Beuys charakterisierten. So gewann der Neutöner Lüpertz Bündnisgenossen selbst unter bis dahin eher verhaltensunauffälligen Professoren. Mit seiner Wahl erfüllte sich ihre Sehnsucht nach einem Kollegen, der sich kompetent um all das kümmert, was Künstler in der Regel verabscheuen, und Forderungen vital durchsetzt, die gewissenhafte Zuträger ihm präparieren. Niemand konnte freilich vorhersehen, wie genußvoll Lüpertz die Aufgabe an sich ziehen würde, die man ihm doch nur aufbürden wollte.

Sehnsucht nach Elite. Dabei beflügelte ihn auch der Akademiestandort, denn die Landeshauptstadt, in der er nun seinen „Olymp" bestellen durfte, bot ihm einen idealen Resonanzraum. Gleich zweimal muß sie sich in dem ihr gewidmeten *Merian*-Heft von so unterschiedlichen Autoren wie Rainer Gruenter und Michael Schirner nachsagen lassen, Aufsteigergehabe in Reinkultur zu pflegen.[1] Und zu den Aufsteigern zählt auch jener, der nun in einem ihrer häßlichsten Gebäude das Sagen hatte, allerdings wäre er der letzte, daraus ein Geheimnis zu machen. Bereitwillig gibt er Auskunft über die soziale Deklassierung, die seine Familie nach dem Ruin des väterlichen Betriebs erlitt, über Schulverweise, abgebrochene Lehren und frühe künstlerische Hängepartien. Ja, er verheimlicht nicht einmal Tätigkeiten im Straßenbau und unter Tage, die jeden Düsseldorfer Kunstfreund doch als unverzeihliche Selbstbefleckung anwidern müssen.

Aber der da seine Herkunft preisgibt, als „armer Leute Kind", weiß sich im Recht, denn das alles war der eigentlich aussichtslose Start zu einer unverbürgten Karriere, und die zurückgelegte Distanz sichert nun dem Arrivierten schon allein einen sportlichen Respekt. Schließlich war es seine *Leistung*, die ihn so weit gebracht hat, und damit läßt sich der extravagante Parvenu problemlos in die Vorzeige-Ethik des Bürgertums einbinden, das seine Bilder kauft und ihn als Findelkind hofiert. In der Tat paßt alles so gut ins Image des rauhbeinigen Glücksritters, daß man sich wundert, warum offenbar keiner der fleißigen Kolporteure diese Legende jemals nachgeprüft hat.

Vermutlich liegt es daran, daß seit Anfang der achtziger Jahre die Sehnsucht nach einer persönlich glaubwürdigen Elite ausgeprägter ist als die nach ideologiekritischer Entzauberung. Auch an anderen Orten und in anderen Gattungen stießen durchaus unterschiedliche Gestalten in diese Planstelle des Zeitgeistes vor, Gerhard Merz etwa oder Helmut Federle in der Kunst, Botho Strauß oder Peter Handke in der Literatur. Nach all den Jahren Beuys'scher Gleichmacherei schien ein neuer *Rappel à l'ordre* fällig, und die Claque, die heute noch den Aufrührer feiert, der einen erweiterten Kunstbegriff predigt, um morgen dem Ordner zu folgen, der zupackend „Über den Schaden sozialer Parolen in der bildenden Kunst" zu dozieren weiß, hat weder in Düsseldorf noch anderswo Nachwuchsprobleme.[2] Lüpertz' Achtungserfolg belegte die Nachfrage nach souveränen Kunsthelden, die nicht (wie Warhol) als gleichgültige Medienstars auftreten oder (wie Beuys) in der Politik dilettieren, sondern einen gesellschaftlichen Mittelpunkt stiften können, ohne gleich die ganze Gesellschaft ändern zu wollen.

In der Tat schmückt Lüpertz jede bessere Gesellschaft, zumal er sich selbst aufwendig schmückt, und Aufmerksamkeit sichert ihm allein schon die selbstbewußte Virilität, die er zwischen Jogging und Smoking hervorkehrt. Schwer zu sagen, ob ihn die Frauen oder ihre Männer mehr dafür bewundern, wie unbeschadet er die Jahre überstanden hat, als Softies und Feministinnen an einem neuen Mannsbild strickten. Die Reserviertheit, die seine demonstrative Selbstverliebtheit zunächst auslöst, schwindet dahin, wenn man mitanhören darf, wie er den Diebstahl einer Luxuskarosse in Mailand, wo man der Oper halber eine Wohnung unterhält, eigentlich nur deswegen bedauert, weil der Kofferraum voll von neuer, maßgeschneiderter Garderobe war. Für die heroische Einsamkeit des gutsituierten Außenseiters hat Lüpertz die passende Mimik parat, sie ist ihm angeboren und macht ihn als einen Mann glaubhaft, der sich nicht nur hervorragend durchgeschlagen hat, sondern auch genauso gut einmal zuschlagen kann, ein *galanter Carl Brutal* (Lindenberg), wie aus jenem leidenschaftlicheren 19. Jahrhundert geklont, das an der Akademie wiederherstellen zu wollen ihm seine Widersacher dann auch prompt nachsagten.

Magnifizenz Lüpertz bediente den Stimmungswandel mit kraftvoller Unbekümmertheit. Mit einer bemerkenswerten Ehrlichkeit, die er kaum in seiner Adoptivklasse gelernt haben dürfte, hatte er immer schon gefordert, was er sich nun an der Akademie durchzusetzen anschickte: klare Verhältnisse, solide Hierarchien und handwerkliche Qualität, jenes Paradies, von dem man nicht weiß, ob es wirklich das der Konservativen oder nur der ihnen hörigen Kleinbürger ist. Mag den tatsächlich in Böhmen geborenen, aber in Rheydt aufgewachsenen Bohémien hinsichtlich der rheinischen Selbstdarstellungsfreude auch manches mit Beuys verbinden – die Parole, daß jeder Mensch ein Künstler sei, könnte ihn nur dazu veranlassen, sofort das Gewerbeaufsichtsamt einzuschalten. Es nimmt ihn überhaupt wunder, wie das Bürgertum die kulturellen Institutionen verkommen läßt, die seinen einstigen (und in Deutschland doch nahezu einzigen) Glanz ausmachten. Und so kündigte er an der Kunstakademie, einer preußischen Gründung, unvermittelt die Wiederkehr von Tugenden an, deren Bezeichnungen sich die Insassen erschrocken vorbuchstabierten, Disziplin, Autorität, Respekt und Meisterschaft. Gleich der erste Akademie-Rundgang unter seiner Ägide wurde von dem Gerücht überschattet, in seiner Malklasse herrsche *Rahmenzwang.*

In der Tat bezieht sich sein bemerkenswertes Gespür für Form nicht nur auf die Kunst, sondern auch auf die Kultur. Zur Stärkung des Ansehens der Akademie wurden ansehnliche *Jahreshefte* ediert, und als erste Glanztat machte die feierliche Verabschiedung der ausscheidenden Kollegen Erwin Heerich und Karl Bobek die Runde. Ein kleiner Festakt gab dem Abschied einen würdigen Rahmen, kultivierte Umgangsformen, die mit dem Muff unter den Talaren ersatzlos abgeschafft worden waren, erwiesen wieder ihre Berechtigung, die Akademie leuchtete über den Rhein. Studenten waren zu dem Festakt selbstverständlich nur als Kellner zugelassen, für Konservative ist Kultur immer auch eine günstige Gelegenheit, *en passant* die Hierarchien neu zu betonieren.

Harlekin. Seinen Gegnern mußte Lüpertz freilich als die Inkarnation jener „geistig-moralischen Wende“ vorkommen, die Kanzler Kohl Anfang der achtziger Jahre angekündigt hatte, die der Kunst aber bis dahin noch eine Schonfrist gewährt zu haben schien. Doch war es kein Triumph der Stunde, für den Lüpertz markante Worte erst hätte noch erfinden müssen, vielmehr lagen sie schon auf Vorrat, seit er die Arena betreten und den *Pandämonischen Manifesten* von Baselitz und Eugen Schönebeck 1966 sein *Dithyrambisches Manifest* nachgeschickt hatte: „Die Anmut des 20. Jahrhunderts wird durch die von mir erfundene Dithyrambe sichtbar gemacht.“[3] Manch einer, den die kulturelle Konterrevolution nun kalt erwischte, hatte nur versäumt, rechtzeitig die Gedichte zu lesen, die Lüpertz verfaßt und bereits 1983 ediert hatte.[4] Sie ließen schon früh die Tendenz erkennen, die keine Wende brauchte und auch nicht immer heiter grundiert ist. „Zwitschernd vor Kraft“ begrüßte Lüpertz dort die Ankunft eines neuen Adels der Maler und spielte mit sich selbst Genie. Man könnte sich sarkastisch an dem *juste milieu* ergötzen, mit dem Lüpertz den *Verlust der Mitte* lyrisch zu kompensieren sucht, aber jede Ironie muß an dem selbstgewählten Narrenkleid abperlen, dem er die Illustrationen seines Lyrik-Bandes gewidmet hat, denn das Gewand des Harlekins ist zweifellos sein glaubwürdigster Maßanzug.

Auf den ersten Blick scheint er nicht ganz zu passen, denn Lüpertz ist zwar gewitzt, kann aber sehr humorlos wirken. Doch dann erahnt man in der clownesken Identifikation die lässige Präventivmaßnahme eines Mannes, der weiß, wie kurz der Schritt vom Erhabenen zum Lächerlichen ist und daß selbst die Demonstration der Kraft die Komik nie zu bannen vermag. Ein Narr ist er eingestandenermaßen: „Ich bin sehr großzügig, sehr gastfreundlich, jeder kann von mir was haben, jeder kann mich reinlegen, wenn er will, ich lese keine Verträge, es ist mir völlig egal – es ist unter meiner Würde", hat er Eva Karcher gestanden.[5] In der Tat ist er nicht der Mann fürs Kleingedruckte. Aber ein Narr ist er vor allem, weil er zu den wenigen gehört – die übrigens immer weniger werden –, die noch an den schönen Schein der Kunst glauben, dem er mehr zutraut als jeder soziologischen Analyse. Und so bekümmert es ihn sichtlich, daß alle anderen nur den Scheinen zu trauen scheinen, die er gleich bündelweise mit sich führt und beim Begleichen der Rechnung – für alle, versteht sich – mit betont nachlässigem Stolz entrollt. Seine gewinnende Freigiebigkeit ist daher nicht ohne doppelten Boden; wer von ihm beschenkt wird, ahnt, zugleich jovial beleidigt worden zu sein, würde letzteres aber auch kaum übelnehmen können. Denn es ist schwer, sich dem poltrigen Charme, der spielerischen Aggressivität und der durchtrainierten Eitelkeit dieses betriebsamen Dogmatikers zu entziehen, der es schätzt, wenn man ihn unterschätzt, weil es ein weiterer Anreiz ist, seine Stärken unter Beweis zu stellen – und sei es auch nur auf die degoutante Art einer handfesten Schlägerei, die sein Gegenüber keineswegs schont.

Mögen die Lorbeeren heutzutage auch aus Geldscheinen bestehen, Lüpertz wäre der letzte, sich darauf auszuruhen. Mit der Gewissenhaftigkeit und dem Enthusiasmus eines Wiederaufsteigers, der den sozialen Absturz schon einmal erlebt hat, ist ihm die Übererfüllung des Solls gerade gut genug. Wenn er beim Malen gefilmt wird, begreift man, warum *Geschwindigkeit* für ihn eine artistische Qualität der modernen Malerei darstellt, allerdings auch, daß dieser Mann sich keine Zeit läßt und vor sich selber herjagt. Selbst seine wache Intensität als Gesprächspartner ist kein verläßliches Indiz dafür, daß er auch zuhört, vielmehr ist ihm jedes Gegenüber nur ein wechselndes Publikum für einen ausdauernden Identitätsstreß, der ihn zu den unterschiedlichsten Austragungsorten treibt und womöglich noch in den Selbstgesprächen der Ateliereinsamkeit zwiebelt.

Mochte Lüpertz seiner Gemeinde auch als pünktlicher Glücksfall erscheinen, ihm ist es letztlich egal, welche Szene ihn attackiert oder adoptiert, denn im Kern interessiert ihn nur das Ansehen unter seinen Kollegen. Das ist gut zu verstehen, denn lange stand er im Schatten anderer Maler, die in der Kölner Galerie seines Händlers Michael Werner fast gleichzeitig zum internationalen Erfolg aufbrachen, Sigmar Polke, Anselm Kiefer und vor allem Georg Baselitz. Lüpertz, der in der Berliner Nachkriegsprovinz zu den ersten gehört hatte, mußte auf einer so hochkarätigen Preisliste zwangsläufig niedriger rangieren. Seine reichlich vorhandenen Feinde weideten sich an der Diskrepanz zwischen markigem Auftritt und Marktauftritt, und den hämischen Kölner Spöttern galt der selbststilisierte Harlekin als Pausenclown des Galerieprogramms, sein anmaßender Habitus als Kompensation für ein geringes Talent, seine dubiose Affinität zum Milieu als Pose eines Halbweltmeisters. Gerüchte über die gut abgedichtete Beziehungskiste der Galerie wurden nicht immer geglaubt, aber sofort weitererzählt, und Lüpertz kam dabei meist genauso schlecht weg wie bei der Kunstkritik, die gerne bei ihm den Hebel ansetzte, um dem wachsenden Einfluß des ganzen Ladens Einhalt zu gebieten. Die professionellen Kritiker inspirierte Lüpertz nach anfänglichem Lob – 1971 hatte der Dreißigjährige immerhin den *Preis des Deutschen Kritikerverbandes* erhalten – wiederholt zu sportlichen Höchstleistungen der Demütigung, etwa wenn er als „bramarbasierender Böhme“ und „Schmock“ (Peter Winter 1983), als „Konsul Weyer der Malerei“ (Hans-Joachim Müller 1991) oder gar als „Liberace der heftigen Malerei“ (Matthias Matussek 1992) figurieren mußte.[6] Selbst wenn inzwischen einer aus der Schar der Heldenbespucker nicht herumkommt, den Künstler verhalten zu loben, bleibt nicht unerwähnt, daß Lüpertz früher besser war. Mit Undank quittieren die Schreiberlinge also das großzügige Entgegenkommen dieses Mannes, der als wandelnder Nachrichtenwert doch zu ihren verläßlichsten Lieferanten zählt. Selbst die inzwischen notorische Weihefloskel vom *Malerfürsten* war ursprünglich abträglich gemeint, ist Lüpertz doch genausowenig von Adel wie Erich von Stroheim, in dem man übrigens einen entfernten Wahlverwandten zu erkennen meint.

Das alles hätte man als das gerechte Schicksal eines Mannes ansehen können, an dem alles Anekdote werden will und dessen Selbstverliebtheit in mokanter Unschuld an die Selbstvergötterung spätrömischer Kaiser gemahnt. Doch die ästhetischen Fronten sind seit der Mitte der achtziger Jahre ebenso ausgefranst wie das Galerieprogramm Michael Werners, und es war gerade Lüpertz, der davon profitierte, nicht nur als Rektor. Waren ihm lange Zeit nur wenige Kuratoren und Kritiker gefolgt, darunter freilich auch angesehene, so weiß er sich inzwischen von Kollegen respektiert, die früher über ihn gemosert haben, und nur das zählt, denn: „Das Publikum ist unwissend."

Wer das abwechslungsreiche und bemerkenswert artistische Oeuvre, dessen durchgängige Dekorativität nicht sein schlechtestes Merkmal ist, *sine ira et studio* durchmustert, findet es jedenfalls gediegen und nicht ohne bestechende Höhepunkte. Es kündet zwar nicht von dem Genie, als das Lüpertz so gern posiert, aber auch nicht von vorsätzlichem Ramschhandel, wie mancher Rezensent behauptet. Wäre Lüpertz ein bescheidenerer Zeitgenosse, die Kunstkritik hätte ihm längst Recht widerfahren lassen. Zwischen enthusiastischen Apologeten und blasierten Verächtern haben Unzugehörige freilich Mühe, ihr Urteil zu arrondieren, denn sie befinden sich in einem Niemandsland der Kriterien, wie es eben nur die Polarisierung zu schaffen versteht – auch darin fühlt man sich an Beuys erinnert. So fallen die Urteile dialektischer aus, als man erwarten dürfte, etwa wenn Diedrich Diederichsen beim Vernissage-Wein der Gedanke durch den Kopf geht: „Auf die Gefahr hin, daß man die letzte bürgerliche Erbauungskunst unterstützt, muß man ja sagen zu Lüpertz. Was er zu sagen hat, hilft keinem von uns weiter, aber es ist das massivste, eindringlichste Monument davon, was Kunst in dieser Welt sein kann, was sie wirklich real sein kann, bewirken kann: Erbauung. (...) Das Erbärmliche an Erbauung zeigen, dingfest machen, übertreiben, das könnte Lüpertz zusammenfassen, wenn die neuen Bilder nicht gerade das nicht mehr leisten würden."[7]

Das Auffälligste am Werk von Lüpertz ist freilich, wie stark es von der westdeutschen Nachkriegsmoderne geprägt wurde, von ihrem kruden Pathos wie von ihrer verspielten Hilflosigkeit. Nach Ansicht des Urhebers zwischen Beckmann und Nay angesiedelt, doch unübersehbar zu Nay neigend und von Picasso inspiriert, ist das Oeuvre von Schlacken der fünfziger Jahre durchsetzt, die Lüpertz noch einmal aufglühen zu lassen versteht. Die westdeutsche Nachkriegsmoderne, diese zugleich unfreiwillige Parodie wie anrührende Apotheose der zuvor als „entartet" verfemten Moderne, hatte eine Ambivalenz erzeugt, in der Lüpertz sich wohnlich einrichten konnte. Wenn es tatsächlich so etwas wie eine *Moderne Klassik* gegeben hat, dann ist Lüpertz ihr Klassizist. Dies ist er freilich um den Preis, den alle Klassizisten zu entrichten haben, daß nämlich ihre Kunst schon zu Lebzeiten eigentümlich historisch wirkt.

Es stimmt allerdings nicht, daß die besseren Abschnitte im Oeuvre von Lüpertz schon weiter zurückliegen, die eleganten Gemälde der Stil-Phase etwa oder die anmutigen Architekturphantasien aus *Lüpolis.* Vielmehr prägen extreme Qualitätsschwankungen das Werk bis heute. Aber wenn das weitschweifige Werk auch immer wieder an den Rändern zu verwirbeln und durchscheinend zu werden droht, führte ein geschlossener Energiekreislauf bislang stets ins Zentrum zurück, was gerade dabei war, sich in Wohlgefallen aufzulösen – die Schwebeexistenz des Flaschengeistes kennzeichnet auch den Künstler Lüpertz.

Deutsche Motive. Seit den Anfängen um 1957, als er christliche Themen, Selbstakte, Donald-Duck-Variationen und Cowboys

Markus Lüpertz: *Helm II*, 1970

am Lagerfeuer malte, sucht und findet er die Themen seiner Kunst überwiegend in der Kunst. Entsprechend distanziert ist sein Verhältnis zum Motiv, das explizit nur als Kontrastfolie für die Entfaltung der malerischen Mittel dient. Nach der Einschätzung von Michael Schwarz traf diese Distanziertheit auch für die einst umstrittenen „Deutschen Motive" zu.[8] Mit diesen

Markus Lüpertz: *Arrangement für eine Mütze I – dithyrambisch,* 1973

löste Lüpertz in den siebziger Jahren bei einigen Kritikern den Verdacht faschistoider Tendenzen in der Werner-Mannschaft aus, dem Anselm Kiefers durchtriebene Deutschtümeleien und dann 1980 selbst Baselitzens entrückte Biennale-Skulptur weitere Nahrung zu geben schienen – eine Einschätzung, gegen die sich damals kein Geringerer als der unverdächtige Verleger Klaus Wagenbach entschieden verwahrte.[9] Dabei wirken die „Deutschen Motive“ von Lüpertz überhaupt nicht so bedeutend oder originär, daß sie die Aufregung wert gewesen wären. Sie passen ins Bild eines Werkes, das stets – und manchmal im besten Sinne – artifiziell wirkt, sowie zur Haltung des professionellen Provokateurs, die Lüpertz ganz bewußt und offen, nämlich auch merkantil ausspielt.[10]

Freilich zählen Stahlhelme und Offiziersmützen der Wehrmacht nicht zu den unverfänglicheren Motiven der Stilleben-Tradition, nicht einmal ihrer Vanitas-Metaphorik. Aber ein Zusammenhang, in dem solche Bilder verhängnisvoll wirken könnten, ist schwer vorstellbar; der Vorwurf der Verharmlosung setzt auf eine pädagogische oder enthemmende Wirkung solcher Bilder, die erfahrungsgemäß nicht zu befürchten steht. Nur notorische Horoskopleser vermögen aus ihnen herauszulesen, was der Maler eigentlich Verwerfliches damit habe sagen wollen. In Deutschland ist die Ausdauer, mit der man über politische Symbole streitet, ohnehin nur ein Indiz dafür, wie wenig man den politischen Institutionen traut. Wenn man Lüpertz für seine „Deutschen Motive" einen Vorwurf machen kann, dann schon eher den der Bequemlichkeit: Es muß einem schon wenig einfallen, damit man zur Wehrmachtsmütze greift, um Aufsehen zu erregen und sich unbeliebt zu machen.

Man hat daher auch Mühe, die Einschätzung Carl Haenleins zu teilen, Lüpertz leiste „in diesen Jahren Trauerarbeit": „In den Jahren zwischen 1972 und 1974 entstehen jene Bilder, mit denen Lüpertz alles riskiert hat. Schließlich begründen gerade sie seinen Ruhm."[11] Nicht nur die Gegner, auch ihre Fürsprecher überschätzen offenbar den politischen Rang der „Deutschen Motive" von Lüpertz. Siegfried Gohr gelten die schmissig gemalten und trocken kolorierten Leimfarbenbilder nicht nur als ernsthafte künstlerische Auseinandersetzungen mit der jüngeren deutschen Geschichte, sondern sogar als erste nennenswerte Versuche in dieser Richtung.[12] Für ihn „überschreitet Lüpertz mit den Werken zu deutschen Themen seit *Westwall* als erster eine psychologische Schwelle, wie später auch Anselm Kiefer und Jörg Immendorff gewagt". Allenfalls das Vorbild von Baselitz, nahe dessen Osthofener Atelier Lüpertz 1968 mit dem Gemälde „Westwall" begonnen hatte, will Gohr gelten lassen. Diese Einordnung stimmt freilich nur im Kontext der Künstler der Galerie Werner. Denn der dort nicht vertretene Gerhard Richter hatte seinen „Onkel Rudi", nach einem Foto, das diesen während des Krieges in Wehrmachtsuniform zeigte, immerhin schon 1965 für die Ausstellung und Stiftung *Hommage à Lidice* gemalt. Neben der Vorarbeit von Baselitz und der fulminanten und dezidierten Parallele bei Kiefer sind Lüpertz' „Deutsche Motive" eher eine Randerscheinung und weder das bahnbrechende Meisterstück noch die unverantwortliche Provokation, die man in ihnen sehen will.

Mystifikation. Der politische Maler Lüpertz ist nur eine Kopfgeburt, an die er selber vielleicht am wenigsten glaubt. Er mußte erst Rektor werden, um als politischer Künstler zu reüssieren. Das ist ohne Zweifel seine bislang glanzvollste Rolle, zumal er vom Glanz einiges versteht. Der virile Lüpertz erreichte manches, was vorher nicht möglich schien, darunter eine repräsentative Erweiterung des Akademiegebäudes am Rhein, und er verkehrt ausgerechnet mit einem sozialdemokratischen Wissenschaftsministerium auf bestem Fuße, in dem man die Frauenquote hochhält, was man von der Akademie nicht gerade behaupten kann. Ihn selbst kann sein Erfolg kaum erstaunen, denn „Autorität habe ich in hohen Maßen. Ich bekomme immer, was ich will.“ [13] Wie die Düsseldorfer Ministerialbürokratie einst einem Vorgänger in seinem Amt, dem vitalen Drängler Norbert Kricke, allein schon deswegen Konzessionen machte, damit er endlich wieder nach Hause ging, behauptet sich auch Lüpertz im pingeligen juristischen Milieu mit einer Mischung aus Charme und Anmaßung, und man wundert sich, wem das so alles imponiert.

Der betäubenden Wirkung seiner „natürlichen Autorität“ erliegen nämlich nicht nur seine Sammler und Deuter, diese freilich lustvoll, auch in der intellektuellen Umgebung seines hochschulpolitischen Wirkungsfeldes sind bisweilen Lähmungserscheinungen der kritischen Vernunft zu verbuchen. Durfte man anfangs annehmen, daß die Zahl der Sprüche, die der Imperator draufhatte, und damit auch sein Unterhaltungswert begrenzt sein würde, so zeigte sich bald, daß Lüpertz den Anforderungen der Selbstdarstellung auch unter akademischen Voraussetzungen gewachsen war. Die Ausdünnung einer in die Länge gezogenen Originalität, wie sie beim späten Beuys zu bemerken war, die Alterswerkproblematik der Selbstdarstellung, vor der auch das weich gewordene Denkmal Salvador Dalìs warnt, läßt sich Lüpertz noch nicht nachsagen. Wenn er peinlich wirkt, dann wohl, weil er es so will, weil er, wie sonst nur noch Martin Kippenberger, darin eine der letzten möglichen Strategien der Provokation verfolgt.

Erinnert man Beuys als Revolutionsdarsteller, dann scheint Lüpertz eine ideale Besetzung für die Rolle des Konterrevolutionärs zu sein, und zwar vor allem, weil er Politik offiziell verachtet, deren Handwerk er gleichwohl beherrscht. Politik als symbolisches Handwerk mußte sich ihm leicht erschließen, da er schon Maler im symbolischen Sinn war. Wie alle begabten Autokraten übt er sich daher in der versöhnlichen Kunst der Mystifikation: Eine „poetische Akademie“ nennt er das staatliche Unternehmen, dem er vorsteht, auch wenn vereinzelter studentischer Widerstand die Sache nüchterner sieht. Dieser Opposition kann er sich ohnehin historisch überlegen fühlen, denn er ist „einer von denen, die Gesetze aufstellen, die Pluralismen beenden, damit Revolutionen wieder stattfinden können“.

Wer ihn angesichts seiner Erfolge und Umgangsformen als reaktionär verteufeln möchte, muß sich freilich eingestehen, daß der wahre Gegenspieler des Revolutionärs nicht der Konterrevolutionär ist, der ja auch schon den Fehler begangen hat, sein Leben etwas so Unerträglichem wie der Politik zu widmen, sondern der süffisante Spieler, der zynische Komödiant. Seine politischen Erfolge wirken wie nachgeworfen und müssen jeden empören, der sie im riskanten Protest vergeblich suchte. Doch kann man Lüpertz Zynismus kaum nachsagen, jedenfalls nicht in hoher Dosierung, denn seine antiquierten Pathosformeln ästhetischer Erziehung deklamiert er mit großem Ernst und durchaus echt wirkender Überzeugung. Eine religiöse Sturm- und Drangphase, die ihn früh zu einem Klosteraufenthalt nach Maria Laach geführt hatte, ist noch in den Motiven seiner pädagogischen Konfession spürbar, die sich freilich gegen alles beflissen Pädagogische richtet. Wie jeder echte Reaktionär debattiert er nicht lange über Ziele und Motive, sondern schützt die Institutionen: „Ich glaube zum Beispiel an die Kirche. Ich bin Katholik. Aber ich glaube nicht an Gott.“ [14]

So bleibt Lüpertz ein Ärgernis, auch wenn inzwischen selbst

die Lokalpresse das Interesse an seinen knorrigen Statements wieder verloren hat und nicht all seinen Konterreformen Fortüne beschieden war. So steht etwa das zum „Professorenclub" profanierte Atelier von Beuys, der elitäre Sozialraum akademischer Kollegialität, meist leer, und die *Jahreshefte* lassen auf sich warten. Auch eine Konterrevolution versandet schließlich in Routine, Etatproblemen und Privatvergnügen.

Der Bürgerkrieg als Dienstleistung

Olaf Metzel „13. 4. 1981“

Die Moderne hat nie einen Zweifel daran aufkommen lassen, daß ihre Kunst höchst bedeutsam ist, und gerade ihre Gegner haben diese Wertung stets bekräftigt. Wie aber die Kunst ihre Bedeutung noch mitteilen könne, darüber schwiegen sich die Werke immer mehr aus. Kafkas „Schweigen der Sirenen“ avancierte zum Hintergrundrauschen der Moderne; die Odyssee der Kunst mündete in eine Ästhetik der Verweigerung und Disfunktionalität, welche aus der Kunst verweisen wollte, was vorhergehenden Generationen noch als deren Wesen erschienen war: Illusion und Schönheit, Bildung und Unterhaltung, Fiktion und Erbauung, Sinnlichkeit und Genuß.

Die ätherische Auflösung der bildenden Kunst in eine „concept art“, ihre wuchtige Abrüstung zur „minimal art“, das Versanden der Landschaftskünste in der „land art“, das Verschwinden der Farben in der Monochromie, schließlich in einem weißen Bild, wie es Edgar Allan Poe als Horror-Vision sicher hochwillkommen gewesen wäre – das waren Endspiele einer radikalisierten Moderne. Ihr Signum bildete das leere Zeichen, das allein noch der Komplexität der Lage gewachsen zu sein schien und sie wiedergab wie ein Spiegel, dessen Funktion ja auch nur durch die Leere seiner Fläche gewährleistet wird.

Die achtziger Jahre begannen dann mit einer Kunst, die wieder mehr zu vermögen schien, als nur ihre Form und ihre soziale Funktion zu problematisieren, mit den Traditionen zu rechten oder den Betrachter zu düpieren. Die Zeichen wurden weithin sichtbar gesetzt für eine Malerei, die mit Schwung und Schmiß zur Erzählung, zum Motiv, zum Thema zurückgekehrt war und etwas mitzuteilen hatte, bedeutsam und authentisch zugleich, wie zu den besten Zeiten der „Klassischen Moderne“. Entsprechend enthusiastisch war die Resonanz unter Sammlern und jungen Künstlern. Die folgende Hausse der Malerei schwemmte Momentaufnahmen in die Galerien und Museen, die aus Ateliers stammten, von denen viele als Klischieranstalten hätten firmieren müssen. Das Schweigen der Sirenen war in der Tat beendet, aber nur, um durch ein noch bestürzenderes Geräusch abgelöst zu werden: durch ihr Plappern.

Blaulicht. Die Sirenen, mit denen Olaf Metzel vertraut ist, hört er in Fabriken, wenn seine Monumente in aufwendigen, industriellen Arbeitsabläufen produziert werden. Oder es sind die Sirenen von Polizeiautos, deren Signalblinker die Umgebung in ein Blau tauchen können, das ihn mehr inspiriert als jedes „Internationale Klein Blau". Wie die Sirenen für den heute sogenannten Zivilschutz triviale Mahnmale auf Hausdächern sind, statische Androhungen der Katastrophe, des Krieges und des Untergangs, sind die der Polizeiautos Meldeläufer, die vom offenen Fenster aus akustisch verfolgen lassen, wo Unfälle, Straftaten oder Katastrophen des Alltags die Staatsgewalt auf den Plan rufen. Folgt man ihnen, kann man aber auch in eine Demonstration geraten und das Rüstzeug der Staatsgewalt am eigenen Leibe kennenlernen, sogar weit außerhalb der Städte, an Bauplätzen für Flugbahnen oder für Atomkraftwerke, an Munitionsdepots und vor Kasernentoren.

Metzels Skulpur *13.4.1981* zeigt ein geläufiges Element dieser Rüstung, das Absperrgitter, Instrument der Kanalisierung von urbanen Aufmärschen aller Art, vor allem natürlich der konfliktträchtigen. Die zufällige Konstellation solcher Absperrgitter mit einem Supermarktwagen, die Metzel wenige Tage nach einer Straßenschlacht in Berlin vorfand und fotografierte, hat er sofort als das „ready-made" Denkmal erkannt, das seine Skulptur dann monumentalisierte. Mit dem Supermarktwagen, in dem die Demonstranten ihre Wurfgeschosse befördert hatten, und den Absperrgittern, die dagegen wenig halfen, versammelt es symbolisch die beiden Kontrahenten.

Dieses Denkmal geriet seinerseits ins Zentrum eines Konfliktes um den Westberliner „Skulpturenboulevard" (1987), von dessen Außenskulpturen Metzels Entwurf als einer der ersten

Olaf Metzel: *13. 4. 1981,* Skulpturenboulevard Berlin 1987

realisiert worden war, und zwar an der Ecke Kurfürstendamm/ Joachimsthaler Straße, die schon während der Studentenbewegung der sechziger Jahre ein Ort der städtischen und politischen Unruhe gewesen war. Es war eine bemerkenswerte

Pointe der weitgehend unerfreulichen Auseinandersetzungen um den Skulpturenboulevard, daß mit Metzels Skulptur *13.4.1981* ein Werk im Zentrum dieses Konfliktes stand, das die Thematik der politischen Auseinandersetzung im öffentlichen Raum markant aufgriff. Metzel hatte der beunruhigenden Erfahrung ein Denkmal gesetzt, daß auch in einer funktionierenden parlamentarischen Demokratie die politischen Auseinandersetzungen gewaltsame Formen annehmen können. Seine Skulptur berührte ein neuralgisches Thema der Geschichte der Bundesrepublik, die Frage nämlich, wie man demokratische Verhältnisse verteidigen oder einklagen kann, ohne dabei zu Mitteln zu greifen, die republikanischen Idealen widersprechen. Für diesen immer wieder aufflammenden Grundsatzstreit der westdeutschen Nachkriegsdemokratie war West-Berlin ein zentraler Schauplatz, und so war Metzels Denkmal durchaus treffend plaziert, eine „site-specific-sculpture" in einem selten anzutreffenden historisch-kritischen Sinn.

Es lassen sich allerdings noch andere Orte denken, an denen sie gut hätte stehen können. Wenn auch die Betreiber der „Wiederaufbereitungsanlage" in Wackersdorf oder des „Schnellen Brüters" in Kalkar zivile und militante Demonstranten mit anderen Mitteln vom Bauplatz fernhielten als mit mobilen Absperrgittern, nämlich mit wehrhaften und sturmfesten Anlagen, so hätte eine Aufstellung der Metzelschen Skulptur vor den Toren dieser Festungsanlagen für eine Kunst am Bau von nie gesehener Prägnanz gesorgt. Denn Metzels Denkmal ist auch eines des Bürgerkriegs.

Bürgerkrieg. Es ist ein Bürgerkrieg, der nie erklärt wurde, aber länger als ein Jahrzehnt dauerte. Er wurde nicht, wie früher, an einem Stück geführt, und fand weder im Felde statt noch entlang von Barrikaden. Seine Auseinandersetzungen spielten sich auf den verschiedensten Abstraktionsebenen ab – vor Gericht wie vor Ort, auf Großstadtstraßen wie in bayerischen oder rheinischen Provinzen, mit verzagender Zivilcourage wie mit erbitterter Gewalt. Seine Schlachten wurden diskontinuierlich und punktuell geschlagen, sie konnten an einem Samstagnachmittag stattfinden, etwa in Brokdorf, genau terminiert, damit die Medien dabeisein und ihre Bilder schon am Abend in die Wohnhöhlen der Unbeteiligten funken konnten, wenn die Konfrontationen längst vorüber und ihre Protagonisten schon nach Hause zurückgekehrt oder in umliegende Kliniken eingeliefert worden waren. Diese räumlich und zeitlich portionierten Ausnahmezustände ergaben den Bürgerkeig der „Risikogesellschaft“ (Ulrich Beck). Wie in der Risikogesellschaft die modernen Gefahren für Leib und Leben regional gestreut und lokal konzentriert werden, war auch dieser Bürgerkrieg ein regionaler und peripherer – also ein anachronistisches Unding in der Industriegesellschaft.

Zeitgemäß wurde er erst durch sein Zusammenspiel mit den Medien, die ihn verallgemeinerten. Die Verletzten auf beiden Seiten erlebten ihr Schicksal als blutig, traumatisch und schmerzhaft, die Toten waren wirklich tot, aber die Medien verwandelten sie in Symbole. Jeder Tote, über den sie berichteten, stand für Hunderte, jeder Verletzte für Tausende, die früher ein regulärer Bürgerkrieg in den Metropolen gekostet hatte. Die Medien potenzierten die realen Opfer an der Peripherie zu allgemeinen und symbolischen, in denen sich dann die vielen wiedererkennen konnten, denen die Teilnahme zu riskant oder der Weg zum Manifestationsort zu weit gewesen war, obwohl sie wußten, daß die mögliche Katastrophe die Differenzen von Peripherie und Zentrum, von Provinz und Metropole nicht kennen und die Entfernungen spielend überwinden würde, daß also auch die Unbeteiligten des Protests die Betroffenen des Ernstfalls sein würden.

Die Medien verallgemeinerten diese peripheren und punktuellen Schlachten aber nicht nur, sie entstellten sie auch. Sie halfen, die Konfrontationen zu Fronten zu polarisieren, und berichteten von diesen wie über eine neue und besonders spannende, weil real gefährliche Sportart. Häufig waren ihre Darstellungen parteiisch, es wurden die Opfer jeweils einer Seite heroisiert, also entweder unter den Demonstranten oder unter den Polizisten. Nur selten dämmerte auf, daß beide Gruppierungen gemeinsam die Verlierer in einer Auseinandersetzung waren, deren mögliche Gewinner allesamt im Trockenen saßen und sich vor Ort nicht zeigten: die vielzitierte Zivilbevölkerung, deren Leib und Leben hier geschützt, und die Repräsentanten der Energiebranche, deren Investitionen hier verteidigt werden sollten. Sowohl die Demonstranten wie auch die Polizisten fochten diese Schlachten als Stellvertreter aus und machten deutlich, daß dieser neue Typus des Bürgerkriegs letztlich den Charakter einer Dienstleistung hat.

George Orwell hat 1948 in seinem düsteren Zukunftsroman „1984" eine entscheidende Transformation des Krieges vorhergesagt. Er prophezeite, daß die verschleißintensiven, opferreichen und verheerenden Weltkriege zwischen den Großmächten abgelöst würden durch regional begrenzte, an die Peripherie verlagerte Kämpfe, bei denen die Großmächte ihre Interessen abklären und ihre Waffen ausprobieren könnten, ohne ihre Territorien und ihre Zivilbevölkerung noch einmal so zu exponieren wie im Ersten und Zweiten Weltkrieg. Kurz nach Erscheinen des Romans gaben der Korea-Krieg, schließlich der Vietnam-Krieg als „Stellvertreterkriege" Orwells Prognose recht. Die Auseinandersetzungen an den scharfkantigen Drahtzäunen in den Provinzen der Energiewirtschaft haben eine vergleichbare Transformation des Bürgerkriegs manifestiert. War der Bürgerkrieg in der Moderne an die Metropole gebunden und mit Krisenzeiten verknüpft, so wurden nun die traditionell konservative Landbevölkerung zur Komparserie und die provinziellen Hinterhöfe zum Schauplatz des Geschehens. Aber dieser portionierte und regionalisierte Bürgerkrieg war nicht – ein Lieblingswort der Risikogesellschaft – „unter Kontrolle zu halten", und die Konfrontationen kehrten in die Metropolen zurück.

Metzels Skulptur *Wurfeisen und Zwille*, 1990 für eine Ausstellung in Hamburg mit offenkundigem Bezug auf die „Hafenstraße" angefertigt, zeigt die bewußt davidshaft angelegten, wenngleich durchaus brutalen Waffen einer urbanen Jugendszene, deren Herkunft konservativen Leitartiklern ein Rätsel war, das ein Besuch vor irgendeinem Atomenergiebau zum Zeitpunkt der Belagerung durch Anrainer und die neuen, jugendlichen Touristen der Gewalt leicht hätte lösen können. Abseits des Parlamentes in Bonn hatten in die Provinzen abgeschobene Probleme jahrelang dafür gesorgt, daß die heftigsten Konfrontationen in der Geschichte der Bundesrepublik die Voraussetzungen dieser Demokratie in Frage stellten. Es waren die Zöglinge dieses rationierten und rationalisierten Bürgerkrieges, die als Hausbesetzer in die Städte einzogen, in der Hafenstraße marodierten oder zum 1. Mai in Kreuzberg; eine nicht hausgemachte, sondern anlagengezeugte Generation von Schlachtenbummlern, die ihre prägende politische Erfahrung im jungen Alter als eine der rigorosen und traumatischen Gewalt gemacht haben – wie die Polizisten, die ihnen gegenüberstanden und das andere Potential der Täter und Opfer von Konfrontationen stellten, die oft genug in körperlichen Verletzungen, in jedem Fall aber in Verletzungen der politischen Sitten endeten.

So interpretierten die Gegner von Metzels *13.4.1981* denn das Denkmal auch zu Unrecht als eines, das der Verherrlichung des Aufstands und allenfalls der Erinnerung an die Demonstranten dienen sollte. Metzels monumentale Absperrgitter sind ein Denkmal beider Gruppen, die in solchen Konflikten stellvertretend aufeinander stoßen, Mahnmal dafür, daß eine Demokratie ihre Verhältnisse so einzurichten hat, daß solche Konfrontationen sich erübrigen. Jahrelang klagte die Gewerkschaft der Polizei darüber, daß Polizisten für die Befriedung von Konflikten herhalten mußten, für die zivile politische Lösungen nötig und fällig waren. Die Absage der Wiederaufbereitungsanlage in Wackersdorf zeigte schließlich, daß die Abrüstung möglich war, wenn auch nur als geografische Verlagerung des Problems. Beschämend war freilich, daß diese De-Eskalation nicht von Politikern durchgesetzt wurde, die ständig den sozialen Frieden beschwören, sondern von einem Vertreter der Industrie, der ein besseres Gespür für den sozialen Sprengstoff besaß, der hier offensichtlich scharf gemacht wurde. Es war eine der beklemmendsten Erfahrungen der Nachkriegsdemokratie, mitzuerleben, wie Politiker, die noch bis zum letzten Moment die Eskalation der staatlichen Gewalt befürwortet

Olaf Metzel: *Stammheim,* 1984, Innenhof des Württembergischen Kunstvereins Stuttgart

hatten, die Entscheidung eines Industriellen zunächst ratlos zur Kenntnis nahmen, um sie dann mit offenkundiger Erleichterung in die Tat umzusetzen.

Zerstörung. Auf den ersten Blick könnte man Metzel unter die Täter oder Opfer der medialen Entstellung des Bürgerkrieges zum spektakulären Gewaltakt rechnen, weil er offensichtlich nur die Kulissen und Instrumente dieser Konfrontationen plastisch nachbuchstabiert, ohne sie in einen lesbaren historischen Zusammenhang treten zu lassen: Absperrgitter, Wurfeisen und Zwille, den wurfgeschoßtransportierenden Supermarktwagen, ergänzt um das *Idealmodell PK 90* (1987) – die reguläre Dienstpistole der westdeutschen Polizei – oder um eine *Beretta,* die er 1990 als beziehungsreiches Hartgummi-Modell ausgeführt hat. Handelt es sich hier nicht um eine monumentale Fetischisierung? Und folgt er der Polarisierung der Gewalt nicht bis in ihre entstellteste Form schlechthin, in die des Terrorismus, wenn er dem wilhelminischen Prachtbau des Württembergischen

Olaf Metzel: *Idealmodell PK/90*, 1987, Bundeskanzleramt Bonn

Kunstvereins in Stuttgart 1984 einen Ehrenkranz unter der Überschrift *Stammheim* hinzufügt?

Metzel ist kein Opfer der Medien, und er schafft keine Medien, die über die Gewalt berichten, er selbst ist ein Medium der

Gewalt im Sinne einer politischen Parapsychologie, besessen von den Erfahrungen und Verletzungen eines politischen Bewußtseins, das die Differenz zwischen Ideal und Wirklichkeit der westlichen Demokratien durchmißt und häufig genug als Diskrepanz erlebt. Seine künstlerische Sublimierung ist eine Option für die Zerstörung, die Form wird, fast Stil im traditionellen Sinn, und gleichzeitig jede Sublimierung parodiert. Bis in die Form hinein ist sein Werk vom Thema der Gewalt geprägt, von der Zerstörung und der Verletzung, die Metzel seinem Material etwa mit der Trennscheibe zufügt, in einer staubigen, ohrenbetäubenden und aggressiven Performance im Off. Und noch in der klinischen Präsentation im Galerieraum oder vor Ort ist, nachdem der Staub weggewischt und die Trümmer geordnet oder beseitigt wurden, der unerhörte Umgang mit dem Material spürbar, vielleicht sogar spürbarer als während der Zerstörung selbst.

Hinzu kommt ein „unvergleichliches Gespür für kritische Orte", das Uwe M. Schneede Metzel bescheinigt hat. Es wird nicht nur durch die monumentale Außenskulptur auf dem Kurfürstendamm belegt, über die sich die Berlinger so empörten, daß sie schließlich wieder entfernt wurde, weil sie in ihrer Stadt nur sehen wollten, was sie für deren Geschichte halten mochten, nicht aber das, was die Geschichte aus dieser Stadt gemacht hat. Die Skulptur *Wurfeisen und Zwille* war dem Hamburger Senatsprogramm „Kunst im öffentlichen Raum" gewidmet. Metzel reagiert auf Orte und verknüpft sie mit Zeichen einer verdrängten, übersehenen oder virulenten lokalen Geschichte, und so verfuhr er auch im Kunstverein in Stuttgart, als er das naheliegende Stammheim als Codewort für terroristische Militanz und polizeistaatliche Aufrüstung mit einem Kultobjekt des traditionellen deutschen Militarismus, dem Ehrenkranz, konterkarierte – ein subtiles innenpolitisches Vexierstück.

Metzel folgt einer Spur der Gewalt entlang ihrer Hilfsmittel, die ihm unter der Hand zu Denkmälern werden. Er verfertigt Monumente des verdrängten und verleugneten Bürgerkrieges, die festhalten, was wir gerne durch die Siebe des Alltagsbewußtseins fallen lassen, um an die Ideologie des sozialen Friedens glauben zu können. Sie tragen die Spuren von Zerstörungen, die Metzel ihnen zufügt, als könne nur so ihre plastische Intensität und politische Glaubwürdigkeit gewährleistet werden: Sie sind Fragmente mindestens ebensosehr wie Monumente. Metzel ist einer der wenigen unter den Künstlern, die Anfang der achtziger Jahre auf sich aufmerksam machten und das Versprechen einlösen konnten, statt der leeren Zeichen bedeutsame zu errichten.

Erborgte Radikalität

Gerhard Richter „18. Oktober 1977"

Das Werk Gerhard Richters ist nur schwer zu überblicken, geschweige denn bündig zu charakterisieren. Eine Reihe unterschiedlichster Malweisen sorgt für eine technische, stilistische und ästhetische Vielfalt, die sich jedem ordnenden Zugriff mit der Unvereinbarkeit von Bruchstücken verschiedener Provenienz widersetzt. Unüberschaubar ist auch der Umfang des Werks. Sorgfältig durchnumeriert und untergliedert, als könne nur die Zählweise einen Zusammenhang repräsentieren, dürften allein die Gemälde inzwischen bei über tausend Einzelstükken liegen. Hinzu kommt die Beliebigkeit der Motive in Richters Werk, die es einer auf thematische Konturen angewiesenen Erinnerung versperrt.

Trotz dieser Unübersichtlichkeit des Werkes mußte 1989 die Ausstellung *18. Oktober 1977* überraschen. Zu offenkundig widersprach sie den Typisierungen, die Richter in den letzten Jahrzehnten zugedacht worden sind. Weder ließ sich hier das Image des „Gleichgültigen" wiedererkennen, zu dem er auch mit eigenen Äußerungen beigetragen hatte, noch bot der „Stilbruch als Stilprinzip" eine ausreichende Erklärung für die neue Werkgruppe, die an „l'art pour l'art" am wenigsten denken ließ. Der indifferente Virtuose war zu deutlich davon abgewichen, sich nie auf eine thematische Setzung festnageln zu lassen oder gar spürbar von der narrativen Qualität seiner Motive zu profitieren.

Motiv-Eskalation. Man wurde an ein spektakuläres Projekt erinnert, das nur sechs Jahre zuvor von sich reden machte, an Arnulf Rainers Serie *Hiroshima*, eine 1982 abgeschlossene Werkgruppe, die drei Jahre lang eine Tournee durch rund zwanzig europäische Museen absolvierte[1]. Die Ausgangspositionen und die artistischen Probleme ähneln sich. Wie Richter hatte Rainer sein Werk darauf gebaut, unterschiedlichen Motiven mit einem bestimmten Repertoire malerischer Mittel zu begegnen, sie gleichzeitig als Wahrnehmungsfond zu benutzen und zu entwerten. Im Lauf der Jahre hatte Rainer alles mögliche übermalt, Illustrationen und Fotografien, naturwissenschaftliche Darstellungen und Selbstportraits, Tierbilder und Porno-Fotos. Über weite Strecken seines Werkes konnte Rainer den Eindruck vermitteln, einen Ausweg aus dem Dilemma jener gestischen Malerei gefunden zu haben, der er verpflichtet ist, dem Dilemma nämlich, daß auch der vitalste Umgang mit den künstlerischen Mitteln nicht der eigentümlichen Banalität vorbeugen kann, die diese Mittel ausstrahlen, wenn die Bilder fertig sind und in großen Mengen in Galerien und Museen zirkulieren. Indem Rainer Motive heranzog, die seiner Malweise eine spürbare Hintergrundspannung verschafften, besetzte er eine Position, die auf dem Grat von Figuration und Abstraktion unverwechselbar und eindrucksvoll war.

Aber bereits als er Fotografien von Totenmasken zur Übermalung verwendete, geriet er in Verdacht, von diesen Vorlagen mehr zu profitieren, als er ihnen an künstlerischer Behandlung noch entgegenzusetzen hatte. Die Serie der *Totenmasken* (1977/78) ließ Zweifel an Rainers Kompetenz aufkommen: Probierte hier nicht ein gestischer Maler, der Auszehrung seiner Mittel zu entkommen, indem er durch die Auswahl pathosbeladener Vorlagen die Hintergrundspannung seiner Malerei einfach um ein paar tausend Volt aufdrehte? Niemand erwartet wohl von Rainer, daß er seine Malweise statt dessen Badezimmerkacheln oder Briefmarken angedeihen läßt, aber als Kontrastvorlagen sind sie nicht ungeeignet, deutlich zu machen, welches Gewicht die Vorlagen für Rainers Arbeitsweise zum Zeitpunkt der *Totenmasken* besaßen. Die *Hiroshima*-Serie stellte eine weitere Eskalation der Motive dar, weil statt vereinzelter Totenmasken nunmehr der Schauplatz eines Massensterbens zitiert wurde, als ob Rainer zu einem letzten Mittel hätte greifen müssen, um seiner Kunst noch einmal die Kraft einzuhauchen, mit der gestische Malerei steht und fällt.

Betroffenheitsreflex. Das war aber nur die eine Seite seines Scheiterns, für das er bereits im Katalog und auch später jede Verantwortung mit der Begründung ablehnte, er habe sich dieses Thema aufschwatzen lassen.[2] Die andere bot sich dem Leser der Pressereaktionen. Die Parade der Betroffenheit, die damals zu absolvieren war, bewegte sich zu einem fragwürdigen Trauermarsch. Nicht zum künstlerischen Offenbarungseid wurde kondoliert, vielmehr dem Betroffenheitsreflex entsprochen, den die Serie konditionierte. Dem brünstigen Pessimismus der Rainerschen *Hiroshima*-Übermalungen, im Katalog verstärkt mit nachgedruckten Texten von Samuel Beckett, E. M. Cioran, Jean-Paul Sartre, Paul Celan, Peter Weiss und Thomas Pynchon, entsprach die Ergriffenheitsprosa zahlreicher Kritiken. Man bekam Lust, Elias Canettis Essay *Der Überlebende* wieder zu lesen, um die historischen Privilegien aller an dieser Serie Beteiligten, die Betrachter eingeschlossen, nicht völlig aus den Augen zu verlieren.[3]

Der Verdacht, daß diese Ergriffenheit nur eine andere Form der Verdrängung sein könnte, bestätigte sich, als nur drei Jahre nach der letzten Ausstellungsstation der Rainerschen Tournee die *Hiroshima*-Serie so gründlich vergessen war, daß niemand sie in Beziehung zu Richters Motiv-Eskalation setzte.[4] Dabei drängten sich die Parallelen auf, und manche erblickten in Richters Ausstellung *18. Oktober 1977* einen wenig überzeugenden, eher raffinierten und, angesichts der einsetzenden Begnadigungsdiskussion, geschickt terminierten Versuch, einer mittlerweile drohenden Vorhersagbarkeit seiner künstlerischen Strategien mit dem Salto mortale eines irritierenden und öffentlichkeitswirksamen Motivs vorzubeugen.

Im Katalog gab Benjamin H. D. Buchloh diesen Kritikern unfreiwillig recht mit der Behauptung, die Werkgruppe stelle „in der Tat einen erstmaligen Versuch in Richters *œuvre* dar, öffentliche und geschichtlich spezifische Erfahrungen anzugehen".[5] Daß diese These – zu Richters Vorteil – nicht zutrifft, relativiert den Eindruck der Motiv-Eskalation. Denn es wäre falsch, die neue Serie in Richters Werk nur als Ausnahme von einer jahrzehntelang eingehaltenen Regel zu betrachten, Themen politischer oder historischer Brisanz zu vermeiden: Mit der Nummer 3 steht das Portrait *Hitler* (1962) am Anfang von Richters Werkverzeichnis; aus demselben Jahr ist auch eine *Erschießung* bekannt, die, wenngleich nicht in das Werkverzeichnis aufgenommen, doch Richters frühe Auseinandersetzung mit Schlüsselszenen des politischen Terrors belegt.[6] Erst recht liefert der *Atlas der Fotos, Collagen und Skizzen*, der unter anderem auch KZ-Fotografien enthält, einen Hinweis auf das frühe Interesse Richters für einschlägiges Bildmaterial, das er gleichwohl nicht in eine moderne Historienmalerei umzusetzen vermochte.[7] Sowohl in der *Erschießung* wie bei den KZ-Fotografien war die Strategie der Bildgewinnung aussichtslos, weil die Konfrontation inkommensurabler Motive eher didaktisch-provokativ wirkte: Hatte Richter in der *Erschießung* die beklemmende Szene mit kopfstehenden Portraits einer lächelnden Werbefigur kontrastiert, so geraten in seinem *Atlas* Porno-Fotos und KZ-Aufnahmen in eine fragwürdige Nachbarschaft.

Das unerledigte Thema. Kann man es als Eingeständnis eines Scheiterns ansehen, wenn Richter in der Folge lange Zeit auf solche historisch bedeutsamen Malvorlagen verzichtete? Würde das seinem inzwischen erworbenen Ruhm des handwerklichen Virtuosen nicht die Bedeutung einer zweitrangigen Überqualifikation zuweisen? Voreilig wäre es jedenfalls, aus diesem Verzicht auf ein Erlahmen des anfangs unter Beweis gestellten Interesses an Geschichte und Politik zu schließen. Das Werk Richters, insbesondere die Pose der Gleichgültigkeit gegenüber dem Motiv, könnte nämlich auch ein resigniertes, wenngleich imposantes Ausweichmanöver sein, stellt man in Rechnung, wie früh er versucht hat, Motive mit schmerzhafter historischer Bedeutung in seiner Arbeit aufzugreifen und durchzuarbeiten.

Denn die Maske des Gleichgültigen, mit der er sich vielleicht nur die Diagnostiker seines Wirkens vom Leibe halten wollte, paßte ihm nicht. Er selbst, nicht die Kunstkritik, hat sie gelüftet, als er 1987 tagebuchartige Notizen veröffentlichte.[8] Sie gaben Einblick in das Denken eines Malers, der sich vom Kunstbetrieb genauso angewidert zeigt wie von der Tagespolitik, von

Gerhard Richter: *18. Oktober 1977,*

Installation im Museum Haus Esters, Krefeld, 1989

Natur und Geschichte gleichermaßen, und dabei zu Formulierungen in einer Schärfe findet, wie man sie in seinen Gemälden vergeblich sucht. Diese Innenansicht eines Malers, dessen globaler Widerwille offenbar nur durch die Selbstdisziplin der Arbeit im Lot gehalten wird, gab jenen recht, die in Richters Werk schon immer mehr sehen wollten als ein souveränes ästhetisches Abenteuer oder einen zynischen Winterschlußverkauf der Moderne. Aber warum greift Richter rund zwanzig Jahre, nachdem er einschlagige Versuche aufgegeben hatte, zu einem historisch und politisch kontroversen Thema? Warum sind es führende Vertreter der ersten Generation des linken Nachkriegsterrorismus, deren Schicksal ihn interessiert?

Eigentlich kam die Serie *18. Oktober 1977* nicht unerwartet. In den Tagebuchaufzeichnungen war eine rabiate Niedergeschlagenheit spürbar, die nach Artikulation drängte. Die toten Gründer der Roten Armee Fraktion gerieten offenbar ins Blickfeld der Suche nach einer gültigen Metapher für Ohnmacht, Hoffnungslosigkeit, Abscheu und Pessimismus. Es ist ja keine *Bonnie-and-Clyde*-Romantik, die sich in Richters Bildfolge artikuliert, abgesetzt etwa von der anonymen *hit-and-run*-Mentalität der folgenden Terroristengeneration. Eine solche Heroisierung der Außenseiterrolle wäre allerdings auch nur schwer glaubhaft zu machen gewesen, angesichts der ernüchternden Fakten, die über das Leben der frühen RAF-Mitglieder in der Illegalität inzwischen bekanntgeworden sind. Richter interessiert ihr Tod offenbar als drastisch nachvollziehbarer Ausdruck eines politischen Scheiterns; er erborgt sich diese tragischen Bilder als Vorzeigestücke eines ambivalenten Pessimismus, der in der Zwangsläufigkeit des Scheiterns gleichwohl die Entschiedenheit zu respektieren scheint, den Zustand der Welt nicht einfach hinzunehmen.

Sinngebung postlagernd. Das ist allerdings nicht den Gemälden selbst, sondern, neben den Tagebuchauszügen, einem Interview zu entnehmen, das Jan Thorn-Prikker mit Richter führte.[9] Überhaupt war diese „Schwarze Serie“ schon bei ihrer ersten Präsentation im Krefelder Museum Haus Esters die wohl am ausführlichsten kommentierte Werkgruppe Richters überhaupt, nicht unbedingt zu ihrem Vorteil. Es zeigte sich, vor allem im Katalogbeitrag von Benjamin H. D. Buchloh, daß Richters erborgte Radikalität regelrecht ansteckend wirkte. In abenteuerlichen Thesen und fragwürdigen historischen Parallelen vergrößerte sich in Buchlohs Sicht auf Richters Werkgruppe deren Schwäche wie unter einer Lupe: Es sind Bilder, in die sich hineinlesen läßt, was man will, und gerade darum versagen sie als Historienbilder, mit denen Buchloh sie vergleicht. Es ist ihre Interpretationsoffenheit, die, als das Merkmal der modernen Kunst schlechthin, im Ansatz verhindert, daß sie als Historienmalerei funktionieren könnten. Gerade ihre Kommentarbedürftigkeit – ein weiteres Merkmal der modernen Kunst, dem der Katalog mit gleich drei umfangreichen Untersuchungen Rechnung trägt – ist es, die sie als solche nicht in Frage kommen läßt. Aber auch die Vermutung, es wäre der Serie besser bekommen, wenn sie ohne jeden Kommentar in ihrer lakonischen Ambiguität ausgestellt worden wäre, läßt sich nicht durchhalten: So oder so, die Werkgruppe wirkte nicht weniger, aber auch nicht mehr als „aufsehenerregend".

Darin teilt sie allerdings das Dilemma ihrer Protagonisten, der portraitierten Vertreter der ersten Generation der Roten Armee Fraktion. Auch sie sahen sich gezwungen, Sinnstiftungen ihrer Taten nachzuliefern, die auf optimale Medienwirkung, aber nicht auf intellektuelle Verbindlichkeit hin angelegt waren. So wundert es nicht, daß auch die künstlerische Bewältigung dieses Phänomens bis heute ungleichwertig geblieben ist. Anläßlich einer Kritik des Buches *Kontrolliert* von Rainald Goetz, der wohl die höchsten artistischen Anleihen auf das Konto der toten Terroristen aufnimmt, hat Ernst Nef Anfang 1989 in der Neuen Zürcher Zeitung an einen Autor erinnert, dem es früh gelungen war, den Terrorismus der RAF auf der Höhe seiner Probleme zu analysieren, an Peter Rühmkorf und seinen Aufsatz *Gedanken aus der Dunkelkammer.*[10] In der Tat ist Rühmkorfs Analyse noch heute frappierend, weil sie den metaphorisch-theatralischen, ja, beinahe fiktiven Charakter der gleichwohl für viele Beteiligte und Opfer real tödlichen Aktivitäten der RAF bis zur Unerträglichkeit hervorhebt und zuspitzt. Im Verbund mit Stefan Austs nüchterner und aufschlußreicher Gruppenbiographie *Der Baader-Meinhof-Komplex* liefert Rühmkorfs Analyse eine Perspektive, in der sich die Aktivitäten der frühen RAF eher grotesk ausnehmen, weil sie mit dem klassischen Fehler der Studentenbewegung behaftet waren, eine mit allen Mitteln provozierte Resonanz mit politischer Wirkung zu verwechseln.[11]

Richters Werkgruppe bleibt im Schatten der Medienorientierung seiner Protagonisten, weil es Fotografien sind, aus denen er seine Gemälde generiert. Sie geben keine Auskunft über den politischen Stellenwert oder den persönlichen Rang seiner Protagonisten, sondern nur über deren „Prominenz". Die Tragik, die Richter in Auswahl und Bearbeitung der Bilder zur Geltung bringt, erscheint wie die subjektive Atelierwährung dieser Prominenz, die sich aber mit seinen malerischen Mitteln genausowenig unterlaufen, demaskieren oder konterkarieren läßt, wie Warhol seinen Siebdrucken von Prominenten mehr als den Nachweis von Medienkarrieren abgewinnen konnte.

Richters Werkgruppe *18. Oktober 1977* liefert eher einen Beweis für die Unverzichtbarkeit der Sprache als dem einzigen Medium, mit dem der Komplexität der modernen Welt historiographisch beizukommen ist. Die Katalogversuche, anhand dieser Serie ein weiteres Mal das Verhältnis von Fotografie und Malerei im Werk Richters durchzuexerzieren, verlagern das Problem auf einen Nebenschauplatz. Historienmalerei, wenn sie denn heute noch möglich sein sollte, hätte eine spezifische Kompetenz weniger im Kontrast zur fotografischen, als vielmehr zur sprachlichen Darstellung von Geschichte unter Beweis zu stellen. Im Verhältnis zu Austs Reportage gesehen, kann die Serie nur wie eine Illustration zweiten Grades wirken, als visuelle Anmaßung. Tagebuchauszüge, Katalogtexte und Interviews abgezogen, wirken Richters Gemälde eher wie Rorschach-Tests der Sozialpsychologie.

Prominente Lücken. Das hätte möglicherweise die Stärke dieser Werkgruppe sein können, wäre sie denn unkommentiert zur

Welt gekommen. Aber durch zwei Entscheidungen begünstigte Richter sogar den historisch falschen Eindruck tragischer Singularität seiner Protagonisten. Zunächst ließ er die Opfer ungemalt, was sein gutes Recht sein mag, weil in der modernen Malerei Ausgewogenheit sicher nicht so plausibel einzuklagen wäre wie in der öffentlich-rechtlichen Berichterstattung. Trotzdem hätte man gerne gesehen, wenn in den Interviews bei diesem Thema nachgehakt worden wäre, denn es ist gerade die Abwesenheit der Opfer, welche die Täter so erscheinen lassen könnte, als hätte der Staat sie aus freien Stücken in den Tod getrieben. Hanns Martin Schleyer, dessen Tod das nämliche Datum trägt, auszusparen, weder die Fotos seines Verfalls in der Geiselhaft aufzugreifen noch die gespenstischen Aufnahmen des Tatorts mit den Leichen seines Fahrers und der Leibwachen – das gibt der Serie eine kräftige Schlagseite. Hinzu kommt, daß die Davongekommenen fehlen, ein Horst Mahler etwa, der zur gleichen RAF-Generation gehört, die Richter portraitiert hat. Ist er weniger interessant, weil er noch lebt, weil er für die vollendete Tragik zu vernünftig war? Sein Fehlen läßt eine Faszination durch das Morbide erkennen, die sich in Richters Serie mit der einer kontroversen Prominenz verschränkt.

Vermittlungsfallen. Stutzig machte schon der Nachdruck, mit dem Richter die Vermittlung der Werkgruppe in die Hand nahm. Dazu zählte das Verbot, einige der Totenbilder in der Presse zu reproduzieren. Erst recht war die Ankündigung, die Werkgruppe nicht auf dem Kunstmarkt feilzubieten, als Dementi jenes Reflexionsniveaus zu verstehen, das man Richters Umgang mit Fotografien bis dahin unterstellt hatte. Denn schließlich wären auf dem Markt keine toten Terroristen zu verkaufen gewesen, sondern, wie stets bei Richters gegenstandsnahen Gemälden, „Bilder von Bildern", nicht, wie die Maler des 19. Jahrhunderts noch glauben mochten, von Wirklichkeit.

Die Tabuisierung der neuen Werkgruppe dementierte die moderne Distanziertheit, die Richters Handhabung der Fotografie bis dahin zu kennzeichnen schien. Gerade in seinen Gemälden – angesichts des von Löwen zerfleischten Touristen wie der einfältigen Familienfotos – meinte man doch ein Thema wiederzuerkennen, das die moderne Rückkehr zur figurativen Malerei wie wenige andere rechtfertigen konnte: die Hilflosigkeit jeglicher Reflexe unserer Empathie angesichts der „zweiten Wirklichkeit" der Medien, die sie ins Leere laufen läßt und dadurch manchmal eine Überkompensation in Form demonstrativer Betroffenheit auslöst, eines nicht in Handlung umsetzbaren schlechten Gewissens. Eine moderne Reserve gegenüber diesem Simulationspopanz der Medien, wie Roland Barthes sie schon 1957 in seinem Essay *Schockphotos* artikuliert hat, war es doch, die man in Richters Werk verbürgt sah.[12] Die historische Aura hingegen, die er der Werkgruppe *18. Oktober 1977* als Tabu mit auf den Weg gab, hat ihn der Historienmalerei keinen Schritt näher geführt, aber die Glaubwürdigkeit seines bisherigen Umgangs mit der Fotografie in Mitleidenschaft gezogen. Oder haben wir nach dieser Überraschung auch das bisherige Werk Richters neu zu lesen, eine größere emotionale Beteiligung des Malers an der Auswahl und Ausarbeitung seiner diversen Motive zu unterstellen, als bisher angenommen? Hat sich hier jemand zu erkennen gegeben, dem es bislang wie kaum einem anderen modernen Maler gelungen war, sich in aller Öffentlichkeit zu verstecken? Sind unter scheinbar belanglosen Motiven immer schon solche verborgen gewesen, die ihm wichtiger waren, oder hat sich im ausgreifenden Umgang mit Vorlagen verschiedenster Wertigkeit der Selbstschutz eines leicht irritierbaren Gemüts behauptet, das sich vor den mimetischen Widerhaken der Bilder malend in Sicherheit brachte?

Schon in dem aufschlußreichen Interview, das Richter 1982 mit Wolfgang Pehnt führte, gab es Hinweise in diese Richtung: „Ich wollte gerade, wenn ich so banale Alltagsfotos für Bilder verwendete, die Qualität, d.h. die Botschaft dieser Fotos herausstellen und zeigen, was man sonst im kleinen Foto grundsätzlich übersieht. Das sieht man nicht als Kunst an; aber wenn man sie in die Kunst transportiert, kriegen sie eine Würde und werden beachtet. Das war der Trick oder das Anliegen dabei, diese Fotos zu verwenden."[13] Diesen Satz hat wohl mancher Exeget des Richterschen Werkes überlesen, zumal er gar nicht zum Werk und zu dessen ästhetischem Mythos passen will. Ein solches Interesse am Ausdruck hätte man nicht nur angesichts bestimmter banaler Bildmotive kaum vermutet, es paßt auch nicht zur Legende eines für die Thesen der Postmoderne anscheinend optimal geeigneten Malers. Nun hat er diesem Satz allerdings Gewicht gegeben. Man ist fast versucht zu glauben, daß er mit der neuen Werkgruppe eines der ältesten Anliegen der Kunst überhaupt ins Spiel bringen wollte, die Wirkungsabsicht der Katharsis. Die paßt nicht zur Postmoderne, aber auch nicht recht zu den geläufigen Dogmen der Moderne. Eine solche Absicht hätte trotzdem gelingen und interessant sein können, wäre sie nicht in einer ästhetischen Falle steckengeblieben, die Richter selbst aufgestellt hat: Die Beibehaltung einer Malweise, mit der er berühmt geworden ist, kombinierte die Prominenz seiner Protagonisten mit der Prominenz einer Handschrift, die sich vor dem Fond dieser irritierenden Motive als Markenzeichen aufdrängte.

„Deutschland in Ordnung bringen“

Der Schauprozeß gegen Jörg Immendorff

In der Moderne sägt die Kunst ständig an den Ästen, auf denen sie gerade sitzt. Manche Künstler wollen freilich gleich den ganzen Baum umlegen. Zu ihnen gehörte einst Jörg Immendorff. Wie kaum ein anderer Künstler seiner Generation hat er in den sechziger und siebziger Jahren Aufstieg und Agonie der Studentenbewegung durchlebt und umgesetzt. Er war natürlich nicht der einzige Akademiestudent, den die kunst- und kunstmarktfeindliche Orientierung der Apo in anhaltende Identitätskrisen führte. Aber als einer der wenigen hat er diese Herausforderung zum Leitmotiv seiner Arbeit gemacht, einer Kunst, die er immer mehr in Frage stellte und vor den Imperativen der Weltrevolution zu verantworten begann. In beklemmender Ausführlichkeit erfährt von den Skrupeln jener Jahre, wer heute Immendorffs Buch *Hier und Jetzt: Das tun, was zu tun ist* in die Hand nimmt.[1] Die Studentenrevolte hat zahlreiche Autobiographien und Generationsportraits nach sich gezogen, aber kein Lebenslauf, kein Rückblick vergegenwärtigt das damalige Innenleben eines Radikalen so quälend genau wie diese Dekonstruktion einer malerischen Frühkarriere.

Verbarrikadierte Aktmodelle. Sie setzt ein mit dem Ansehenserfolg des Jungmalers Immendorff, der sich allerdings binnen kurzem als Opfer des bürgerlichen Kunstbegriffs identifiziert, wie er auf Konkurrenz, Originalität und Individualität gründet, und damit auch auf Einsamkeit. Es ist die Akademieklasse von Joseph Beuys, in der er seine Illusionen verliert. Mit skurrilen Aktionen entzaubert der „Beuysritter“ die Grundlagen bildnerischer Arbeit, verbarrikadiert Aktmodelle, lädt dazu ein, durch ein Bild zu gehen, und pinselt „Hört auf zu malen“ auf ein mißlungenes Gemälde. Schließlich gründet er eine Gegen-

Jörg Immendorff: *Ich wollte Künstler werden...*, 1972

akademie (LIDL-Akademie) und entzaubert seinen verehrten Lehrer, für dessen Minenhund ihn jedoch diejenigen Akademieprofessoren auch weiterhin hielten, die sich gegen den wachsenden Einfluß des Fluxuslehrers auf die Studenten aussprachen.[2]

Nach einem Hausverbot in der Kunstakademie und einigen provokanten Auftritten im Kunstbetrieb, etwa anläßlich der

Jörg Immendorff: *Wo stehst Du mit Deiner Kunst, Kollege?*, 1973

Ausstellung *Jetzt. Künste in Deutschland heute* in der Kölner Kunsthalle, läßt Immendorff die schmeichlerische Selbstbezüglichkeit künstlerischer Institutionen hinter sich, um im öffentlichen Raum tätig zu werden. Er tut dies, wie man das in jenen Jahren zu tun pflegte, also mit Demonstrationen, Aktionen und Transparenten. Freilich ertappt er sich schließlich dabei, daß auch diese Aktionen nur Masken seiner Selbstdarstellung waren und die Politik seinem Geltungsbedürfnis nur einen größeren Resonanzraum hatte bieten sollen als die Arena von Akademie und Galerie. In diesem Zusammenhang beginnt Immendorff seinen großen künstlerischen Rechenschaftsbericht, der ein überragendes Zeugnis dieser Jahre ist. Die Studentenbewegung hat kein Dokument hinterlassen, in dem ihr Größenwahn und ihre Unterwerfungsbereitschaft so unvermittelt aufeinanderprallen wie in diesem Buch. Gnadenlos verfolgt der politisierte Immendorff den naiven Künstler Jörg und jagt ihn zum *Showdown.* Kein Schleichweg des bürgerlichen Individuums entgeht ihm, keine Tarnung täuscht ihn, und er scheut keinen Trennungsschmerz, um an sein Ziel zu kommen, den inneren ästhetischen Schweinehund endlich zu erlegen.

Weniger als an einen Western erinnert daher an einen Ostern, etwa an Costa-Gavras' *Das Geständnis*, wie brünstig hier ein Individuum kapituliert. Denn Immendorffs Abrechnung mit seinem Künstler-Ego ist ein Musterprozeß, der nach den Standards der stalinistischen Schauprozesse geführt wird, nämlich ohne daß dieses Ego eine Chance oder auch nur einen Pflichtverteidiger hätte. Wortwahl und Ritualisierung lassen noch in der mutwilligen Abrechnung Immendorffs mit sich selber die Unmenschlichkeit erahnen, die der Stalinismus in seinem Machtbereich längst arbeitsteilig organisiert hatte. Wie dessen perverse Rituale der Selbstkritik und Unterwerfung auf die ursprünglich anarchische und unbekümmerte Studentenbewegung überstrahlen konnten, ist das ungelöste Rätsel, das dieses Buch überliefert. Es ist die Standortbestimmung eines, wie man damals sagte „anpolitisierten" Individuums, das sich gegen die Dämonen der Weltgeschichte wehrt, indem es sich ihnen ergibt.

Beichtspiegel. Darin blieb Immendorffs Verhalten symptomatisch, denn Unterwerfung war der Trend der Jahre nach 1968, als die Studentenbewegung in die kleinen orthodoxen Zellen einer politischen Selbstdisziplinierung zerfiel; daher wirkt Immendorffs eher marginale, nämlich ästhetische Selbstexekution heute so erstaunlich repräsentativ. Die Unterwerfungsbereitschaft wurde nicht nur durch die sozialromantischen Versprechungen einer kollektiven Existenz genährt, Vorhut der Revolution und sich gegenseitig stets solidarische Partner zu sein. In ihr manifestierte sich vor allem die Unfähigkeit zu einer individuellen Lebensform.

Diese Unfähigkeit ist stets ein Übergangsproblem des Jugendlichen, vor allem unter den unsicheren Koordinaten einer Studentenexistenz. Aber in Deutschland war sie auch ein politisches Phänomen mit historischem Vorlauf. Denn anders als in den westlichen Nationen, wo sich eine zivile bürgerliche Individualität mit der Moderne entwickeln und als Lebensform verbreiten konnte, hatte Deutschland dafür keinen dauerhaften Nährboden geboten. Daher war der Freiheitsrausch der frühen

Studentenbewegung auch ein Schock, als nämlich erkennbar wurde, wie leicht sich traditionelle Orientierungen diskreditieren ließen, ohne daß neue zur Verfügung standen.

Damit hatten die Selbstbefreier ein Problem am Hals, das ihnen ihre Eltern und Großeltern ungelöst vererbt hatten, nämlich wie man sich in einer modernen Lebenswelt ohne kollektive und traditionelle Orientierungen einrichtet, also auf eigene Verantwortung. Die Bereitschaft der vorhergehenden Generationen, sich vor diesem Problem zu drücken, um sich so abwegigen Phantasmen wie denen des Wilhelminismus oder des Nationalsozialismus zu ergeben, war den Nachgeborenen zwar unverständlich und widerwärtig. Doch mit der plötzlich eroberten Freiheit wußten auch sie nur wenig anzufangen. Statt dessen unterwarfen sie sich nach einer Schrecksekunde der Freiheit den Phantasmen der Kaderpolitik und reihten sich in imaginäre Kampfordnungen der Weltrevolution ein.

Kurz bevor die Kulturindustrie als moderner Ordnungsfaktor die entstandene Lücke füllte, um die Orientierung des Lebenswandels dauerhaft durch Warenangebote und Dienstleistungen zu regeln, war dieser Rückzug in die Kaderpolitik naheliegend. Wie abwegig sie auch immer nach außen hin wirken mochte, sie bot dem Anlehnungsbedürfnis des unreifen Individuums reichlich Halt. Die Unfähigkeit zur Individualität inspiriert einen Selbsthaß, der Erlösung im kollektiven Gesetz sucht; es ist dieses Schauspiel, das Immendorffs Beichtspiegel festhält. Er ist dem Selbsthaß des zerknirschten Sünders näher, als man es damals hätte wahrhaben wollen. Mönche eines mittelalterlichen Reformordens, ein Gründungsmitglied der *Societas Jesu* und jeder protestantische Sektengründer hätten die Rigorosität sofort verstanden, die in Immendorffs Selbstbezichtigung obwaltet, freilich ohne den Götzen zu billigen, vor dem er sich in den Staub warf.

Immendorffs Buch ist daher für die Studentenrevolte, was Grimmelshausens *Simplicissimus* für den Dreißigjährigen Krieg war; seine in vorauseilendem Leninismus angelegte Selbstbezichtigungsakte ist *der* Roman dieser Jahre, um so mehr, als er bis in die Form hinein den Auflösungsprozeß des Individuums nachzeichnet. Vor den handschriftlichen Selbstbezichtigungen, welche die Intensität klinischer Zeugnisse annehmen können, verblaßt die typographische Eleganz der lyrizistischen Avantgarde von Mallarmé bis Broodthaers; der Kult um eine in psychiatrischen Anstalten ausgeborgte Authentizität, die damals modische *art brut* der Literatur, erscheint angesichts dieser experimentellen Neurose als fauler Zauber. Die Montage aus Flugblättern, Fotografien, Zeitungsausschnitten, Plakaten, Kaderakten und Tagebuch ist eine sozialistische Variante des *cut up*; als verbissene Arbeitsbiographie macht sie die Krise des Individuums sinnfälliger als Lukacz' seinerzeit gern zitierte Analysen. Nur die trotz aller vorgeblichen avantgardistischen Offenheiten fortlebende Borniertheit zwischen den Gattungen konnte verhindern, daß dieses Buch dort gefeiert wurde, wo es hingehörte, im Literaturteil.

Café Deutschland. Die Dauerkonfrontation von Kunst und Politik konnte freilich nur so lange Immendorffs Thema sein, wie sie auch öffentlich von Belang war. Mit dem Bedeutungsverlust der Revolte und ihrer terroristischen Entgleisung verlor Immendorffs Dauerkonflikt mit dem Künstler-Ich an Spannung und ermöglichte den persönlichen Kompromiß einer ironischen Institutionalisierung der Bewußtseinsspaltung, eine „konstruktive Schizophrenie“: „Der Malerfeind im Maler ist sein bester Freund.“

In den Trümmern seiner politischen Verbindlichkeiten, die ihn immerhin als Vertreter der *Bunten Liste* auf den Wahlzettel brachten, fand Immendorff 1976 in der Begegnung mit Penck sein zweites großes und aktuelles politisches Thema, das der deutschen Teilung. Man könnte sich sowohl über den Zeitpunkt und die Wahl ausgerechnet dieses Themas wundern, war doch in den siebziger Jahren die Teilung Deutschlands schon fast eine Selbstverständlichkeit geworden. Von der Studentenbewegung wurde sie schlicht als Voraussetzung deutscher Nachkriegsgeschichte akzeptiert; gegen die sprichwörtliche Aufforderung der braven Bürger, „Geht doch nach drüben!“, hatte man zwar ordentliche Argumente parat, aber auf die Idee,

Jörg Immendorff: *Café Deutschland I,* 1978

die deutsche Teilung zu beklagen, wäre kaum einer gekommen. Die allgemeine Stimmung war nicht mehr so larmoyant wie zu Zeiten der Springer-Aktion „Macht das Tor auf"; in der Ostpolitik Willy Brandts schien vielmehr schon der Keim jener völkerrechtlichen Anerkennung der DDR angelegt zu sein, die Helmut Kohl dann knapp erspart geblieben ist.

Doch ist es kein Zufall, daß Immendorff in jenen Jahren auf genau dieses Thema kam. Das hat weniger mit dem Aufsehen zu tun, welche die Deutschland-Thematik in der Kunst zu erregen begann, etwa im Werk Anselm Kiefers oder in Filmen von Rainer Werner Fassbinder. Vielmehr hatte Immendorff als Maoist mit der einzigen linken Gruppierung sympathisiert, die an der deutschen Wiedervereinigung Interesse zeigte, weil sie zu einer Schwächung des politischen Intimfeinds, der Sowjetunion und ihrer europäischen Satelliten, führen sollte. Auf diese Weise neutralisiert, ließ sich das Thema der deutschen Spaltung unverfänglich zum malerischen Vorwurf nehmen, es war gleichsam *politically correct*. Zudem sorgte Immendorffs Inszenierung dafür, daß Mißverständnisse mit der Rechten ausgeschlossen blieben. Die Discos und Spelunken, die er als Bühnen für sein personalintensives Welttheater entwarf, paßten nicht zum biederen Hinterzimmer-Ambiente der SS-Veteranentreffen und NPD-Kleinbürger, jede Verwechslung war damit ausgeschlossen.

So konnte der unverdächtige Umgang mit dem nationalen Thema Immendorffs künstlerische Karriere auch international begründen. Im Ausland trafen seine Apostrophierungen der deutschen Identität auf Interesse und wurden – im Abgleich mit Kiefer, Syberberg und Fassbinder – als Indikatoren eines gewandelten Selbstverständnisses gelesen. Kunstkritikern und Katalogautoren boten die finsteren, bengalisch erleuchteten Kaschemmen jene differenzierte Ikonographie, auf die sie abonniert sind; einige von ihnen dankten es dem Künstler mit hagiographischem Überschwang. Im Vakuum einer seit Kriegsende ungeklärten nationalen Identität waren die ruppigen Paraphrasen des „Café Deutschland“ in der Tat Provokationen, die man nicht einfach abtun konnte, sondern, wie Harald Szeemann apostrophierte, Historienbilder.[3]

Auch unter jüngeren Künstlern, die zum Teil die orthodoxen Schulungen der linken Nachhut absolviert hatten, wie etwa Albert Oehlen, gewann Immendorff hohes Ansehen, das es ihm ermöglichte, in der Ausstellung *Finger für Deutschland* eine frühe Zusammenstellung jener Künstler zu präsentieren, von denen wenig später einige unter der Markenbezeichnung *Junge Wilde* reüssierten: Ohne Professor an einer Akademie zu sein, konnte er somit schon Schüler vorweisen.

Karriere. Freilich zog es Kritik auf sich, wie Immendorff mit seinem wachsenden Erfolg umging. Im Abgleich zu der politischen Rigidität, die er mit seinem Beichtspiegel festgeschrieben hatte, ließ sich ihm bequem vorhalten, daß er dem Markterfolg angenehme Seiten und Konsumsymbole abzugewinnen verstand. Gerade weil er Maoist gewesen war, konnte man ihm seine Rolex unter die Nase reiben, denn in dieser Spielart des Kommunismus war das asketische Vorbild des Funktionärs bekanntlich genauso verbindlich wie für einen italienischen Salonkommunisten die Grundregeln bürgerlicher Eleganz. Für manche seiner Weggefährten und Generationsgenossen, die mit dem verhaßten *System* ihre kleinen Kompromisse zu schließen begannen, war Immendorff nun eine Figur, an der man die eigenen Anpassungsskrupel thematisieren und bequem abarbeiten konnte, ohne in den Spiegel sehen zu müssen. Die Projektion des eigenen schlechten Gewissens auf den Erfolgreichen machte aus kleinen Opportunisten scharfe Kritiker eines scheinbar noch größeren Opportunisten.

Dabei setzte die Markt-Karriere Immendorffs erst recht spät ein, im Vergleich etwa zu akademischen Lebensläufen, die linke Doktoranden übergangslos auf Reformuniversitätslehrstühle katapultiert hatten. Erst 1980 kündigte Immendorff sein Arbeitsverhältnis als Kunstlehrer an einer Hauptschule, das er einst in politischer Mission begonnen, dann wohl aber auch aus Einkommensgründen beibehalten hatte. Freilich hatten seine anmaßenden Ankündigungen, den Kunstbetrieb zu verlassen, seinen Gegnern ein legitimes Kriterium der Beurteilung geliefert. Denn daß Immendorff seine sozialrevolutionären Rechenschaftsberichte ausgerechnet in der Kölner Galerie von Michael Werner ablieferte, schließlich sogar auf der *documenta 5* in Kassel landete, wo er vier Jahre zuvor noch – zusammen, wie häufig in jenen Jahren, mit Chris Reinecke – auf höchst klebrige Weise gegen dieselbe Institution protestiert hatte, und 1976 sogar auf der Biennale in Venedig ausstellte, die 1968 wegen der Studentenproteste ausgefallen war, das alles ließ den Vorwurf einer gewissen Inkonsequenz plausibel erscheinen.

Auf diese Kritik an seiner Person reagierte der ohnehin ehrpusselig wirkende Rebell empfindlich. Aber er konnte sie nie völlig entkräften. Denn schon in den scheinbar rücksichtslosen *Confessions* seines Buches war die klassische Koketterie eines Moralisten zu erkennen, der um so besser wegkommt, je schlechter er sich macht. Dieses Geltungsbedürfnis war bereits als Oberton seiner antiakademischen Opposition hörbar gewesen, jedenfalls für jene genervten Kommilitonen, die aus Immendorffs langgezogener Signatur spöttisch eine Paraphe Gottes herauslasen.

Es ist aber nur für Tugendwächter interessant, ob Immendorff sich des Verrats oder des Opportunismus schuldig gemacht hat, als er in die Arena des *Show business* zurückkehrte, in jedem Fall legitimierte er diese Instanzen und Institutionen, indem er eine persönliche Erfahrung in sie hineintrug, die zeitgeschichtliche Bedeutung besaß. Wie komisch es daher auch sein mag, einem Künstler, der seine Werke demonstrativ ignoriert und zum Teil sogar zerstört hatte, dabei zuzusehen, wie er sie für eine Ausstellung wieder zusammensucht – die Schadenfreude der moralisierenden Zaungäste ist kein Argument gegen die Glaubwürdigkeit des Künstlers; Enzensberger hat, womöglich aus ähnlichem Anlaß, nachgewiesen, daß die Forderung nach Konsequenz eine ebenso beliebte wie höchst verdächtige Maßregelung ist.[4] Allerdings konnte Immendorff im Rahmen der Anpassungstribunale ein weiteres Mal als Protagonist der Studentenbewegung fungieren, nur daß er diesmal nicht der Selbstankläger, sondern der Angefeindete war.

So radikal, wie sie damals schien, war Immendorffs künstlerische Praxis vielleicht auch nur im plakativen Sinn. Andere Indizien sprechen dagegen für eine geglückte Mischung aus künstlerischer Selbsterhaltung und riskanter Pose. So bot die Agit-Prop-Malerei, in der Immendorff sich zum politischen Künstler qualifizierte, ihm auch die Möglichkeit, als Maler weiterhin auf einem Avantgarde-Kunstmarkt auftreten zu können, der Malerei zwar nur vorübergehend, aber unerbittlich zu den Kinderkrankheiten der Moderne zählte. Und offenbar fehlte nie eine Kamera bei den Aktionen des Kulturrevolutionärs. Die Fotos in der Text-Bild-Montage seiner autobiographischen Konfession dementieren aber deren kulturrevolutionären Anspruch. Denn in der Kunst ist das einzige sichere Indiz für eine wirklich kulturrevolutionäre Aktion nur dann gegeben, wenn keiner einen Fotoapparat dabeihat.

Jörg Immendorff: *Nachtmantel,* 1987

Gesellschaft. Hybris war freilich ein notwendiges Überlebensmittel für den Schauprozeß, in den Immendorff sich verstrickte. Seinem Lebenslauf ist in verschiedenen Stadien eine generationstypische Selbstgefährdung abzulesen, die durchaus existentiell hätte werden können. Sie schlug sich in Immendorffs nachdrücklicher und verblüffender Forderung nach Gesellschaft nieder. Schon im Gründungsmanifest der LIDL-Akademie Oberkassel findet sich 1969 der Satz, der wie ein Leitmotiv das Werk von Immendorff zusammenhält: „Ich werde nicht dulden, daß ihr mich alleine laßt."[5] Seit der intensiven Schülerbeziehung zu Beuys und den Ablösungsversuchen einer politischen Identifikation zieht sich die eingestandene Unfähigkeit zur Einsamkeit wie ein roter Faden durch das Œuvre des Kollektivisten.

So wurde nach der Auflösung der politischen Identifikationsmilieus die beginnende Freundschaft mit Penck gleich als Gründung einer kreativen Allianz ausgegeben, „Immendorff mal Penck, Penck mal Immendorff" umreißt 1977 als Ausstellungstitel die interpersonelle Energieübertragung. Und zunehmend verwandelte sich das „Café Deutschland" in ein Theater, in dessen Zuschauerreihen sich Immendorff ein aus Freunden und Bekannten gemischtes Publikum zusammenmalte, das als große Familie mit Stolz und Neugier auf den Maler blickt wie auf den jüngsten Sproß. Mit ihrer ununterbrochenen Aufmerksamkeit wärmen die herbeigemalten Szenenfunktionäre den frierenden Narziß auf der Seelenbühne. Selbst die Akademie, an die Immendorff schließlich doch als Professor berufen wurde, geriet ihm zur Metapher kommilitanter Geborgenheit, und eine eigene Ahnengalerie verschafft er sich durch Konversationsbilder, die ihn mit Max Ernst oder Marcel Duchamp zeigen. Er ist offenbar doch nicht der Herakles am Scheideweg, als den ihn Szeemann ausgegeben hat, sondern ein Narziß, der sich nicht genügend liebt.[6]

In der politischen Maskierung dieses Verlangens nach sozialer Verbindlichkeit war Immendorff wiederum ein Protagonist seiner Generation. Denn in der permanenten Bündnispolitik mit wechselnden Fronten hatten die Studentenbewegung und ihre Splitterparteien auch das Bedürfnis ihrer Klientel organisiert, sich in der anonymen Massengesellschaft zu sozialisieren. Gerade in der erbitterten Feindschaft zu den traditionellen Studentenverbänden, den Korporationen und schlagenden Verbindungen, entlarvte sich eine beide Sozialisationsmilieus prägende Sehnsucht nach sozialer Verbindlichkeit, wie sie von der Masseninstitution Universität nicht mehr gewährleistet werden konnte.

Weltnaht. Der Nachdruck, mit dem Immendorff darauf bestand, daß man ihn nicht allein ließ, überstieg freilich das Durchschnittsproblem der Vereinzelung. Man traute der rückwirkenden Selbstversöhnung daher nicht so ganz, wenn Immendorff später die ironischen Untertöne seiner politischen Identifikationsbeschleunigung hervorgehoben wissen wollte. Und sie greift erkennbar dort nicht, wo er mit dem Deutschland-Thema auftrumpfte, auch wenn es mit Bildtiteln wie „Ich an die Macht" oder „Ich bring's uns wieder" willentlich überpointiert war.

Für Immendorff war diese Themenwahl nämlich auch der Austausch der einen gegen die andere Weltfrage, der Weltrevolution gegen ein Weltproblem. Die bedrohliche Konfrontation der beiden Supermächte, die er in der Figur des Brandenburger Tors metaphorisierte, lieferte ihm ein Motiv von optimalem Zuschnitt. An diesem Thema hat Immendorff sich allerdings verhoben, spätestens, als er sein Brandenburger Tor in Bronze gießen ließ und der *documenta 7* monumental vor den Portikus stellte. Der Verlust der Maßstäblichkeit betraf in diesem Fall nicht das Modell, sondern ein Künstlerleben, denn mit der Thematik der deutschen Teilung als Weltnaht hatte sich Immendorff das nach der abgeblasenen Weltrevolution nächstgrößte Thema gepachtet, bevor Ronald Reagan ihn mit seinem Krieg der Sterne auf die Plätze verwies.

Schon vor der Wiedervereinigung hat Immendorff diese Thematik ausklingen lassen. Der nun tatsächlich aufblühenden Selbstironie des „Maleraffen“ stand das Motiv offenbar im Wege. So konnte er die Stunde der Wiedervereinigung auch nicht als Triumph auf die Leinwand bringen. Wie hätte das auch geschehen sollen? Die Banalität der Währungsunion hat rückwirkend das Pathos nivelliert, das er zuvor mit der Thematik der deutschen Teilung verbunden hatte. War Immendorffs „Café Deutschland“ der einzige Ort, an dem im Westen die aktuelle nationale Bedeutung der modernen Malerei durchdacht wurde, so konnte ihn die Schließung der „Weltnaht“ nur in Verlegenheit bringen. Was Kunst und Nation miteinander anfangen können, das läßt sich seither nämlich noch viel weniger beantworten.

Kunst der Nation

Hans Haacke im Deutschen Pavillon

Auf einer Weltkarte der Surrealisten aus dem Jahre 1929 erscheint die Osterinsel größer als Australien, und Europa besteht nur aus Deutschland und Österreich-Ungarn. Die USA fehlen fast völlig, weil ein riesiges Alaska direkt an Mexiko grenzt, und die britische Insel liegt winzig neben der irischen, die so groß wie Indien ist. Als einzige Städte sind Paris sowie Konstantinopel verzeichnet. Zeitgenössische Betrachter hätten wohl weder politisch noch geographisch billigen mögen, wie diese Karte die territorialen Verhältnisse verkehrte, und von zugleich nostalgischem wie prophetischem Aberwitz war es, daß Österreich-Ungarn noch und Deutschland schon über jeweils eine Hälfte Europas herrschen sollten. Die relative Größe von Neu-Guinea dagegen mußte wie eine Provokation des eurozentrischen Weltbildes wirken. Patrick Waldberg hat in dieser Karte daher auch eine surrealistische Reverenz an den Exotismus gesehen.[1] Doch ist die Reverenz zu inkonsequent und der Unfug zu offensichtlich, als daß man in dem geographischen Capriccio die Visualisierung eines grundlegenden Gedankens erblicken könnte. Die Karte ist vielmehr, wie viele andere surrealistische Verfremdungen auch, ein willkürliches Rätsel ohne Schlüssel.

Vier Jahrzehnte vor der surrealistischen Weltkarte begann die Entstehungsgeschichte einer politischen Miniaturlandschaft von vergleichbarer Absurdität. Denn betritt man das venezianische Parkgelände, auf dem seit rund hundert Jahren die Biennale veranstaltet wird, findet man sich in einer grotesken Topographie wieder. Anders als bei der surrealistischen Karte hat man es hier allerdings mit einem *Weltmodell* zu tun. Seine Bestandteile sind Gebäude, groß genug, um Kunstwerke aufzunehmen, und eng genug benachbart, um dem Park seine son-

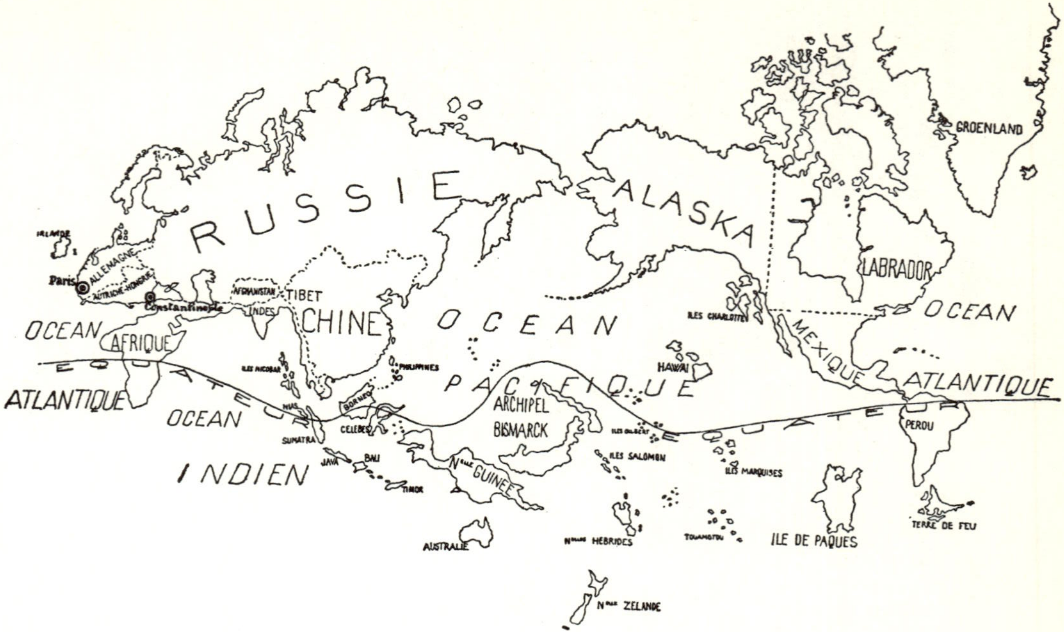

Surrealistische Weltkarte, um 1929

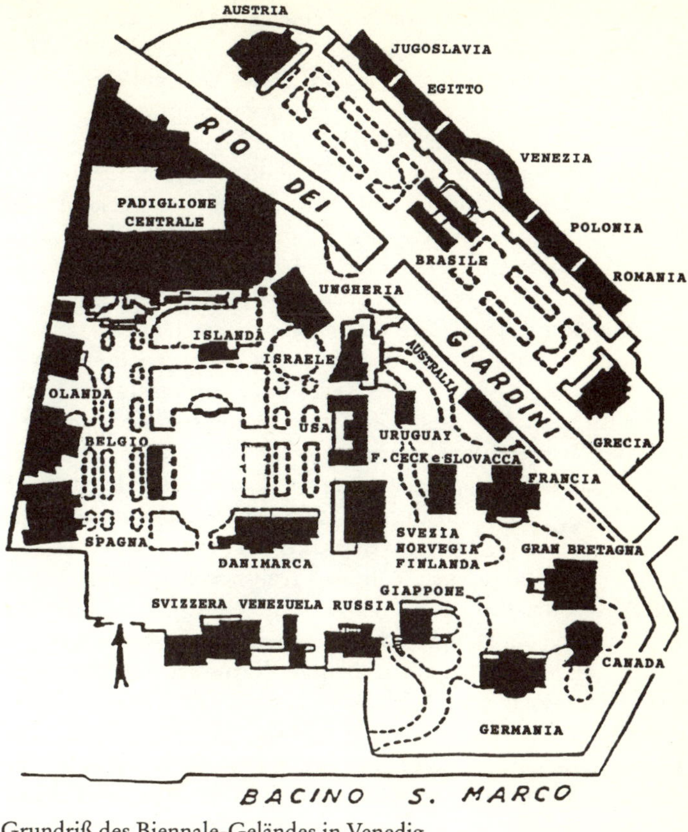

Grundriß des Biennale-Geländes in Venedig

derbare architektonische Dichte zu stiften. Auf ihren Portalen und Mauern sind die Namen von Staaten geschrieben, für die sie stehen sollen, und im Verhältnis zu dieser repräsentativen Aufgabe nehmen sie sich aus wie hingestreute Puppenhäuser des Weltgeistes.

Rätselhaft ist schon ihre Anordnung: Die Tschechoslowakei ist Frankreich benachbart und dieses wiederum Großbritannien, dem sich Kanada anschließt, das direkt an Deutschland grenzt, während es Österreich an einen ganz anderen Rand dieses Mikrokosmos verschlagen hat; Belgien liegt neben Spanien und Ungarn bei Israel. Kurios wird dieses Weltbild nicht allein durch solche falschen Nachbarschaften und abwegigen Konstellationen, sondern auch durch Fehlanzeigen. Außer Japan ist kein asiatisches Land mit einem Pavillon vertreten, Lateinamerika wird nur durch Brasilien, Uruguay und Venezuela, Afrika nur durch Ägypten repräsentiert. Sonderbar wirkt die Anlage auch darin, wie mit dauerhaften Gebäuden die bisweilen weniger dauerhafte Existenz von Staaten bekundet wird. So ist der tschechoslowakische Pavillon schon wenige Jahrzehnte nach seiner Errichtung obsolet, der unter den Zaren errichtete Pavillon Rußlands hat dafür die Revolution anstandslos überlebt und wird nach dem Zerfall der Sowjetunion ein wiederum verändertes Weltreich in gleicher architektonischer Gestalt vertreten. Ohnehin können winzige und riesige Staaten gleich große Pavillons haben, denn die Gebäude geben keine zuverlässige Auskunft über die Größenverhältnisse der repräsentierten Territorien. Umwidmungen, Auflösungen und Neuzugänge geben der Absurdität des Parkes den letzten Schliff und machen die Anlage zu einem Hauptwerk des Surrealismus *avant la lettre*.

Aber anders als die surrealistische Karte hat das venezianische Weltmodell einen Schlüsselgedanken. Die Kunst als ideale Repräsentation der nationalen Identität war schließlich eine Lieblingsvorstellung jenes Jahrhunderts der Weltausstellungen, das an seinem Ende auch die Biennale in Venedig hervorbrachte. Gerade in der Kulturphilosophie Deutschlands, der „verspäteten Nation“ (Helmuth Plessner), hatte sich schon früh eine romantische und später verhängnisvolle Gleichsetzung von nationaler Identität und kultureller Repräsentation artikuliert.[2] Für die venezianische Biennale stand aber nicht ein aggressiver Nationalismus Pate, sondern die Utopie eines Terrains, auf dem die Kunst sowohl für den ästhetischen Wettstreit wie für die friedliche Neutralisierung der Nationalkulturen sorgen sollte.[3] Wie die gleichzeitig wiederbelebten Olympischen Spiele an das Erbe der Antike anzuknüpfen suchten, verkörperte die Biennale einen klassizistischen Internationalismus, der auch die ersten Bauten in den Giardini prägte. Eine solche Utopie scheint durchaus in die ästhetische Situation der Zeit gepaßt zu haben, denn bereits damals tendierte die Kunst – wie die Pariser Ausstellung „1893 – l'Europe des peintres" für das Gründungsjahr der Biennale gezeigt hat – zum grenzüberschreitenden Austausch und zur Vernachlässigung jener nationalen Unterschiede, die in der Politik allerdings eine immer stärkere und gefährlichere Ausprägung erhielten.[4] Der Erste Weltkrieg machte dann das europäische Paradox perfekt, denn er führte Künstler als Soldaten gegeneinander, die große Bewunderer der Kulturnationen waren, die sie gerade bekämpften, Guillaume Apollinaire etwa auf der französischen oder Franz Marc auf der deutschen Frontseite.

Der Widerspruch von nationaler Politik und internationaler Kunst prägte schließlich auch das Biennale-Gelände. Die Zersiedlung durch die nach und nach errichteten Länderpavillons ließ ein symptomatisches Gelände entstehen, dessen verbindender Gedanke verlorengegangen zu sein schien und das dafür unter die Regie partikularer Interessen geraten war. Im Widerspruch von nationaler Repräsentation und internationalem Forum akzentuierten die Pavillons zunehmend ihre eigenen Sprachen, und das galt vor allem für den deutschen Pavillon.

Germania. Ursprünglich war das Gebäude 1909 als bayerischer Pavillon erbaut und erst 1912 zum deutschen Pavillon umgewidmet worden, wobei außen ein antikisierender Bilderfries angebracht wurde, die Baugestalt mit dem ionisch inspirierten Portikus und dem rechteckigen Grundriß aber unangetastet blieb. 1938 fand dann jener gründliche Umbau statt, dem der Pavillon seine heutige, wuchtige Gestalt verdankt.[5] An die Stelle des verspielten, historistischen Antikenverschnitts trat jener neusachliche Klassizismus, wie er in den dreißiger Jahren vor allem für die faschistische Architektur Italiens und die des „Dritten Reichs" typisch wurde. Es ist ein Klassizismus, der im Verzicht auf jegliches Naturzitat aus der langen internationalen Tradition ausschert und ihr ein markantes Zeugnis der Hybris entgegensetzt, eine zur Pathosfloskel verkommene Architek-

Der Deutsche Biennale-Pavillon nach dem Umbau 1938

tursprache, welche formale als soziale Ordnungsvorstellungen zelebriert und vor allem auf die Einschüchterung des Betrachters abzielt. Das Oberlicht des Pavillons wurde durch hochgelegene Fensterreihen ersetzt, und eine Apsis am Ende der Achse rundete die pseudosakrale Grundstimmung des mittleren Raumes ab.

Der Umbau des deutschen Pavillons war Ausdruck der besonderen Bedeutung, die Hitler der Kunst für die Selbstdarstellung des Dritten Reichs beimaß. Man hat diese erstaunliche politische Priorität sowohl auf Hitlers eigene künstlerischen Ambitionen, auf sein antimodernes Ressentiment wie auf seine Leidenschaft für Heroenkitsch und erotischen Schwulst zurückgeführt. Doch greift jede Analyse zu kurz, die den Diktator einfach nur als nostalgischen Kitschliebhaber abtun möchte. Denn Hitlers Einbindung der Kunst in die politische Repräsentation hat einen unverwechselbaren *modernen* Zug, der weniger in der artistischen Konzeption als vielmehr darin zu erblicken ist, wie Kunst als Mittel der politischen Werbung eingesetzt worden ist.

In einer berühmt gewordenen Formulierung hat Walter Benjamin dem Faschismus insgesamt eine „Ästhetisierung der Politik" nachgesagt.[6] Aber diese Formel wäre falsch, wenn sie den Nationalsozialismus als eine historische Ausnahme betrachten wollte. Denn die Ästhetisierung gehört zu den ältesten Ausstattungsmitteln der Macht überhaupt: Vom Priesterkönigtum der frühen Hochkulturen bis zum Ancien Régime sind ihre vielfältigen Formen zu studieren, und noch die Französische Revolution versuchte, wenn auch vergeblich und hart an der Grenze zur unfreiwilligen Komik, an diese Tradition anzuknüpfen. Das Besondere an Hitlers Ästhetisierung der Macht liegt vielmehr darin, daß sie eine bewußte Re-Ästhetisierung darstellte, und zwar, weil der bürgerlich-demokratische Staat zuvor auf die Ästhetisierung der Politik verzichtet und damit eine klassische Darstellungsform der Herrschaft preisgegeben hatte. Die bürgerliche Demokratie weist seit ihren historischen Anfängen in dem Sinne eine unästhetische Tendenz auf, als sie die glanzvolle Personifizierung der Politik, ihre pompöse Inszenierung und sakrale Überhöhung, preiszugeben begann, um allenfalls noch an Ritualen des Militärs festzuhalten, dem sie sich in der Hierarchisierung von Funktionen bei gleichzeitiger Austauschbarkeit der Personen noch am ehesten verwandt fühlen mochte, bevor sie in der Angestelltenkultur ihr zeitgenössisches Erscheinungsbild fand. Anstelle der feudalen Inszenierung der Macht für eine repräsentative Öffentlichkeit kehrten die Nüchternheit und Unansehnlichkeit des bürgerlichen Geschäftslebens in das parlamentarische Leben ein, wodurch ein typisch modernes Defizit entstand, das immer wieder Gelegenheit zur Kritik am Erscheinungsbild der Demokratie geboten hat und bis heute bietet.[7]

Im Deutschen Reich war dieses Vakuum erst mit der Weimarer Republik entstanden, und die nationalsozialistische Re-Ästhetisierung füllte es auf eine moderne Weise, weil sie die Anforderungen der Massengesellschaft und ihrer neuen Medien in Rechnung stellte. Insofern trifft die Formulierung „Markentechniker", die Wolfgang Fritz Haug auf Joseph Goebbels gemünzt hat, den Sachverhalt vielleicht präziser als Benjamins

Formel.[8] Zugespitzt könnte man sagen, daß die Re-Ästhetisierung der Politik im Dritten Reich nicht nur einen Rückgriff auf vordemokratische Formeln der Herrschaftsinszenierung darstellte, sondern auch einen Vorgriff auf die heute allgegenwärtigen banalen Zauberfloskeln der Corporate Identity. Dabei kam der Kunst eine ambivalente Position zu, denn sie wurde trotz ihrer vorgeblichen Hochschätzung letztlich nur als eine besonders angesehene Form der Kommunikation für die politische Propaganda instrumentalisiert und zu einer Sparte der Bewußtseinsindustrie degradiert. Die Inkarnation dieser um ihre Autonomie kastrierten Kunst, die sich um so monumentaler zu spreizen suchte, Arno Brekers Plastik, repräsentierte diese Entwicklung 1940 im neu gestylten Pavillon.

Nach dem Zweiten Weltkrieg wurde der Pavillon nicht wie andere nationalsozialistische Monumente – etwa die beiden „Ehrentempel" am Münchner Königsplatz – als Denkmal des Regimes geschleift, sondern blieb – wie etwa das Berliner Olympiagelände von 1936 – erhalten. Man könnte als Grund für diese Unterlassung vermuten, daß sich der Pavillon auf neutralem Boden befand, doch trifft dies nicht zu, denn Hitler hatte Wert darauf gelegt, ihn als Staatseigentum anzukaufen.[9] So wurde der Bau 1950 offiziell vom westlichen Drittel des zerschlagenen Dritten Reiches, von der Bundesrepublik Deutschland, übernommen. Die einzige Veränderung seines äußeren Erscheinungsbildes bestand in der ersatzlosen Entfernung des Hoheitsadlers mit dem Hakenkreuz, der über der Eingangstür geprangt hatte – wobei die Vorrichtung für seine Befestigung erhalten, aber unbenutzt blieb, als hätte eine Entscheidung, was an Stelle des Nazi-Adlers dort hätte hängen sollen, nie gefällt werden können.

War es schon merkwürdig, daß man an der kantigen Architektur des deutschen Pavillons so wenig Anstoß nahm, so war es noch eigenartiger, daß von 1948 bis 1958 ausgerechnet Eberhard Hanfstaengl für die Bundesrepublik als Biennale-Kommissar tätig sein konnte, denn er hatte diese Funktion bereits 1934 und 1936 für das Dritte Reich ausgeübt.[10] 1933 war er zum Direktor der Berliner Nationalgalerie ernannt worden, wo er Ludwig Justi ablöste, den die Nationalsozialisten sofort nach der „Machtergreifung“ beurlaubt hatten. Eberhard Hanfstaengl, dessen Vetter Ernst „Putzi“ Hanfstaengl in jenen Jahren ein enger Freund Hitlers gewesen war, gilt seit Paul Ortwin Raves Zeugnis in dem 1949 erstmals erschienenen Buch „Kunstdiktatur im Dritten Reich“ allerdings als eher reservierter Mitarbeiter des Nationalsozialismus: Bis 1936 hatte er sich geweigert, im Kronprinzenpalais die Kunst des Expressionismus gänzlich aus den Ausstellungsräumen zu entfernen, und schließlich seine Ämter und Funktionen verloren, als er 1937 die Verantwortlichen der Beschlagnahmungsaktion „Entartete Kunst“ düpierte.[11]

Hanfstaengls Biennale-Tätigkeit für die Bundesrepublik in den Jahren 1948 bis 1958 hatte jedoch eine durchaus ambivalente Note, denn er stand für jenes „bessere“ Deutschland, das dem Nationalsozialismus Widerstand geleistet hatte, aber leider nur in ästhetischen Fragen. Hanfstaengls Künstlerauswahl förderte den Eindruck solcher Ambivalenz, denn bei seiner ersten Biennale-Ausstellung, die 1948 noch nicht im Pavillon, sondern im Hauptgebäude stattfand, hatte er keinen der prominenten deutschen Künstler berücksichtigt, die zwischen 1933 und 1945 emigriert waren, von jüdischen Künstlern ganz zu schweigen, und die maßgeblichen Vertreter des Dadaismus, Surrealismus und Konstruktivismus fehlten ebenfalls auffällig.[12] Mochten seine venezianischen Sonderausstellungen der Künstler des „Blauen Reiters“ (1950) und der „Brücke“ (1952) dann als Wiedergutmachungsversuche an einer Kunst gelten, die Hitler seinerzeit als „entartet“ hatte anprangern lassen, so blieb seine historische Wiedergutmachung auch weiterhin bemerkenswert lückenhaft. In der Auswahl der jüngeren Künstler zeigte Hanfstaengl zudem eine eher konservative Handschrift; erst in seinen beiden letzten Ausstellungen, 1956 und 1958, räumte er der zeitgenössischen Abstraktion breitere Bedeutung ein, vermutlich unter dem Eindruck der ersten *documenta* von 1955, die als erklärter Rückblick auf die „Kunst des XX. Jahrhunderts“ ihrerseits ja auch nicht ohne auffällige Lücken und einseitige Gewichtungen geblieben war.[13]

Bedeutungsruine. Bis zu seiner letzten Biennale-Ausstellung, die er 1958 mit einer Sonderausstellung Kandinskys abrundete, hat Hanfstaengl den internationalen Besuchern jedenfalls die Absicht der Bundesrepublik signalisieren können, die einstmals verfemte Moderne nunmehr als Staatskunst zu adoptieren. Diese offizielle Rehabilitierung war eine bedeutsame Transformation jenes Gedankens, der in der Kultur einst den idealen Ausdruck nationaler Identität gesehen hatte und der nun, durch die historische Entwicklung korrigiert und gleichsam geläutert, auf einen Kern *staatlicher* Repräsentation geschrumpft war, die zwangsläufig ohne nationale Akzente auskommen mußte. Eine solche Entschlackung der politischen Repräsentation hätte womöglich die Sympathien der Gründer der Biennale gefunden, von denen sich aber niemand hätte vorstellen können, wie unabhängig von nationalen und geokulturellen Voraussetzungen die Kunst sich dann in der zweiten Hälfte des 20. Jahrhunderts zu entwickeln begann. Als Werner Haftmann anläßlich der *documenta II* (1959) der abstrakten Kunst den Rang einer „Weltsprache“ beimaß, schien ein Gründungsgedanke der Biennale auf anderem Wege und in anderer Weise – und auf anderem Terrain – verwirklicht worden zu sein als erwartet.

Was sollte angesichts einer solchen Entwicklung noch die nationale Symbolik der Biennale-Pavillons? Die politische Miniaturlandschaft wurde zu einem Kunstbetriebsgelände, dessen nationale Metaphorik, wenn nicht surreal, so doch ziemlich angestaubt wirken mußte. So konnte es auch nicht überraschen, daß aus Nachkriegsdeutschland keine politisch repräsentativen Biennale-Besuche zu melden waren, während Kaiser Wilhelm II. 1905 und Adolf Hitler 1934 dem Ort durch ihre Visiten noch allerhöchste Bedeutung beigemessen hatten. Nunmehr, so schien es, konnte man den Nazi-Pavillon einfach stehenlassen und weiterbenutzen, denn er war entpolitisiert, weil die Kunst insgesamt entpolitisiert war. Mit dem modernen Ende der Nationalkunst wurde auch der deutsche Biennale-Pavillon zu seiner eigenen Bedeutungsruine.

Doch war der Eindruck einer Entpolitisierung der Kunst gerade für Deutschland falsch, denn auf deutschem Boden trafen nach 1948 zwei extreme und sich gegenseitig ausschließende Kunstauffassungen auf engstem Raume aufeinander. Während die DDR ihre Künstler auf realistische Traditionen verpflichtete, konnte die Bundesrepublik mit der demonstrativen Anerkennung der modernen Kunst den Anschluß an die liberalen Traditionen des Westens signalisieren. Der Kalte Krieg hielt die politische Bedeutung der Kunst auch dort noch wach, wo sie sich in den willkürlichen Gesten der Avantgarde scheinbar verlor. Nicht den schlechtesten Legitimationsgewinn schlug die Bundesrepublik ohnehin daraus, wie sie Intellektuelle und Künstler aufnahm und förderte, die der DDR und ihrer Funktionärsästhetik den Rücken gekehrt hatten. So waren von den 34 Künstlern, die zwischen 1961 und 1989 – also nach dem Bau und vor dem Fall der Mauer – im deutschen Pavillon ausgestellt worden sind, rund ein Viertel Flüchtlinge aus der DDR. Im Gegensatz zu den Olympischen Spielen, bei denen die beiden deutschen Staaten noch lange gemeinsam antraten, hatte sich ihr Kunstverständnis schon früh so stark polarisiert, daß ein gemeinsamer Auftritt im venezianischen Park der Nationen unvorstellbar wurde. Mit seiner Übernahme durch die Bundesrepublik war der Pavillon daher politisch repräsentativ geblieben: Er war das Schaufenster für die ästhetische Liberalisierung der Bundesrepublik und den Erfolg der *Re-education*, während er der Propaganda der ausgebooteten DDR als ein weiterer Beleg dafür dienen konnte, wie leicht und unbekümmert sich diese Liberalisierung mit dem Nachlaß des Dritten Reiches arrangierte. An der Konstellation aus Nazi-Architektur und moderner Kunst mochte in der Tat als symbolisch angesehen werden, daß die ästhetische Widerlegung des Nationalsozialismus lange Zeit Vorrang vor der Bewältigung seines politischen und institutionellen Nachlasses besaß – was für eine bequeme Politisierung der Kunst!

War mit der Übernahme des Pavillons durch die Bundesrepublik ihr politischer Alleinvertretungsanspruch auch in der Kunst manifestiert, so setzte in den sechziger Jahren eine merkliche Entschärfung seiner historischen Aussage ein. 1964 ließ der neue Kommissar Eduard Trier das Gelb des Außenanstrichs durch Grau ersetzen und kommentierte diesen Austausch mit der polemischen Bemerkung „Washingtoner Charakter statt des münchnerischen", im Inneren entfernte er die Trennmauern der Ausstellungskabinen, wodurch die drei großen Räume entstanden, die den Pavillon bis heute prägen; 1970 ließ Dieter Honisch die Fahnenstandarten entfernen.[14] Da Trier 1964 mit Norbert Kricke einen abstrakten Bildhauer mit markantem Raumbezug vorstellte, war zumindest im Inneren des Pavillons eine neue Deutung des Gebäudes im Sinne der modernen Ausstellungsinszenierung möglich geworden, die 1978 einen weiteren Höhepunkt in der Installation von Ulrich Rückriem fand.

Freilich blieb der Pavillon mehr als eine rein formale Herausforderung. Der sonderbare *genius loci*, in dem sich venezianische Kunstfreiheit und nationalsozialistisches Erbe mischten, bildete eine Herausforderung, die man erst später als *site specific* zu benennen lernte. Als unübersehbar aggressive Reaktion vernagelte Günther Uecker 1970 einen der Pfeiler des Portikus. So markant wie Ueckers Attacke war keine der anderen Bezugnahmen; allenfalls Sigmar Polkes Gemälde „Der Polizist und das Schwein" mußte 1986 einen ähnlich grellen Effekt haben, weil es auf der Außenwand des Pavillons angebracht war und weitreichende Assoziationen provozierte. Aber auch der rein artistische Sarkasmus, mit dem Gerhard Richter 1970 den Hauptraum mit Portraitgemälden beliebiger berühmter Männer füllte, deren Fotos er einem Lexikon entnommen hatte, schloß Bezüge zum Ausstellungsort nicht aus, denn die Sammlung ließ sich wie eine Travestie jener Apotheosen des Nationalstolzes lesen, die das 19. Jahrhundert so sehr geliebt hatte, als ferne Parodie der Walhalla.

Während manche Betrachter in der Armhaltung der sitzenden Figur, die Georg Baselitz 1980 im Hauptraum ausstellte, und erst recht in den parallel gezeigten Gemälden Anselm Kiefers hybride Bezüge zur deutschen Geschichte ausmachen wollten, mußte die Geste, mit der Felix Droese 1988 den Pavillon zum „Haus der Waffenlosigkeit" erklärte, an diesem Ort mehr als *politically correct* erscheinen. Jochen Gerz war die anmaßende Aura dieses Gebäudes so suspekt erschienen, daß er sich und seine Kunst 1976 nur in Gestalt eines Trojanischen Pferdes einschmuggeln mochte, und Reinhard Mucha nahm 1990 im Namen seiner Installation „Deutschlandmaschine" zwar nur auf ein Großgerät zur Wiederaufrichtung umgefallener Zugwaggons und Eisenbahnen Bezug, aber in einer solchen Umgebung wird auch der präzise Verweis leicht zur Metapher. Als Joseph Beuys 1976 ein Loch bis auf den Wasserspiegel der Lagune bohren ließ, fand er in dieser frappierenden „Verortung" vielleicht die souveränste Antwort auf die Herausforderung des Pavillons. In der Straßenbahnschiene und einem abgewandelt zitierten Denkmal aus seiner niederrheinischen Heimat kamen biographische Reminiszenzen ebenso zur Geltung wie globale Assoziationen, denn das zitierte Denkmal war von Johann Moritz von Nassau errichtet worden, der als Zeitgenosse des barocken Exotismus regionales und globales Bewußtsein miteinander verknüpft hatte. Auch Lothar Baumgarten „erdete" den Pavillon, indem er in der historischen Namensassoziation von Venezia und Venezuela die Schattenseite des Exotismus, die kolonialistische Zerstörung authentischer Stammeskulturen beschwor, deren Namen er in den Steinboden des Pavillons einschrieb. In diesem Spannungsfeld aus schwierigem Erbe und künstlerischer Intervention verkörpert der deutsche Pavillon bis heute die historische Vielschichtigkeit der Beziehungen von Kunst und Nation.

Diese Gegenwart der Vergangenheit durch einen Abriß des ungeliebten Nazi-Tempels zu beseitigen, wie es nach der deutschen Wiedervereinigung ins Gespräch kam, mochte als attraktive Bereinigung der Verhältnisse erscheinen, hätte aber nicht nur ein Stück Nazi-Architektur, sondern auch ein Stück Nachkriegsgeschichte beseitigt. Doch war der Zeitpunkt des Vorschlags nicht zufällig, denn mit der Wiedervereinigung bieten sich der Selbstdarstellung Deutschlands nach außen und innen ganz neue Probleme und Dimensionen. Die geringste Konsequenz, so scheint es, hätte es sein müssen, im deutschen Pavillon nun Künstler aus dem Osten und dem Westen Deutschlands in demonstrativer Gleichberechtigung auszustellen. Doch war eine solche Vermischung nach Jahrzehnten der Konfrontation und Dissonanzen keineswegs einfach zu bewerkstelligen, und es wäre auch naiv zu glauben, daß man damit mehr als eine allenfalls symbolische Geste zur Verknüpfung der beiden fremd gewordenen Teile Deutschlands geleistet hätte. Ein deutsch-deutscher Kunststreit, provoziert durch drastische Bemerkungen des einstigen DDR-Flüchtlings Georg Baselitz, überschattete zu Beginn der neunziger Jahre die politische und ökonomische Wiedervereinigung ohnehin mit der Erkenntnis, daß eine kulturelle noch lange würde auf sich warten lassen.[15] Der deutsche Pavillon bleibt damit auch weiterhin ein politischer Ort der Kunst, ein idealer Ort also für einen politischen Künstler.

Subversive Imitation. Für Hans Haacke sind der Ort und der Zeitpunkt einer Ausstellung die entscheidenden Vorgaben, nach denen er jedes Ausstellungskonzept ausrichtet. Das Ergebnis dieser Arbeitsweise sind Installationen, die sich nicht nur in einem ästhetischen Sinn auf den Raum beziehen, indem die Ausstellung stattfindet, sondern auch und vor allem auf die kulturelle und politische Situation des Umfeldes. Dieser Lokalbezug ist nicht neu in Haackes Werk, sondern prägt es seit den frühen sechziger Jahren, seit seinen Arbeiten mit den Elementen Luft und Wasser sowie Tieren und Pflanzen, also schon bevor das soziologische Interesse die Oberhand über ursprüngliche Orientierungen an biologischen, ökologischen und kybernetischen Fragestellungen gewann. Man muß diese Kontinuität im Werk Haackes betonen, weil er inzwischen international als der politische Künstler schlechthin gilt und die thematische Prominenz das artistische Profil leicht überblenden kann.

Die künstlerische Konzeption Haackes war jedenfalls schon festgelegt, bevor die soziologische Thematik sich in sein Werk drängte. Nach der *Klimaaufzeichnung in einer Kunstausstellung* (1969) galt die soziologische Analyse der Galerie- und Ausstellungsbesucher nur einem weiteren Aspekt der konkreten Vermittlungsbedingungen von Kunst, und von der New

Yorker Dokumentation *Geburts- und Wohnprofil von Galeriebesuchern* (1969) war es dann nur ein kurzer Schritt bis zur Erforschung des Immobilienbesitzes in Manhattan. Als Schlüsselbegriff für diesen Werkzusammenhang führte Haacke Ende der sechziger Jahre die Bezeichnung *Realzeitsysteme* ein. In ihrer spezifischen Erweiterung des *Ready Made* Marcel Duchamps und einer prozeßorientierten Werkauffassung sicherten ihm die Realzeitsysteme rasch eine unverwechselbare und prominente Position im Kontext der Konzeptkunst.

Die kunstsoziologische Thematik dominiert das Werk erst seit 1971, als es im New Yorker Guggenheim-Museum zur Absage einer Einzelausstellung kam, in der Haacke unter anderem den Immobilienbesitz und die wechselseitigen Transaktionen einer Maklergruppe in New York als *Shapolsky et al Manhattan Immobilienbesitz – ein gesellschaftliches Realzeitsystem* dokumentieren wollte. Nach Realzeitsystemen, die pflanzliche und tierische Lebenszusammenhänge thematisiert hatten, etwa das *Ameisenkooperativ* (1969) oder das *Lebende Flugsystem* von Möwen (1965/68), hätte man die Beschäftigung mit der Herstellung und Mehrung von ökonomischen Werten unter Menschen als eine einleuchtende Erweiterung des Untersuchungsfeldes betrachten können. Die museale Zensur dieser Arbeit hat die ideologische Rolle und kulturpolitische Macht von Kunstvermittlern, Sammlern und Stiftern dann schlagartig in den Mittelpunkt des Werkes treten lassen. Sie war für die artistische Existenz durchaus bedrohlich, ablesbar auch daran, daß anschließend fünfzehn Jahre lang kein einziges Museum der USA Haacke zu einer Einzelausstellung einlud. Aus solchen Erfahrungen nährt sich die Hartnäckigkeit und Illusionslosigkeit, mit der Haacke seither die Übergriffe der Wirtschaft auf die Kultur konterkariert und die Rolle der Kunst in der Gesellschaft untersucht – eine Fortsetzung der Konzeptkunst mit anderen Mitteln, von einem demokratischen Pathos getragen, das in manchen Kreisen schon als altmodisch gilt.

War es zunächst nur ein Akt der Selbstverteidigung, der Haacke zu dieser Thematik führte, so konnte er an ihr festhalten, weil sich in den historischen und aktuellen Untersuchungen der folgenden Jahre herausstellte, daß der Einfluß der gesellschaftlichen Kräfte auf die Wahrnehmung und Vermittlung von Kunst größer ist, als es sich die Theoretiker der Autonomie vorstellen mochten. Inwieweit es gerade Förderer der Kunst sind, die diese Autonomie bedrohen oder ihr Ansehen travestieren, ist seither das Thema zahlreicher Installationen gewesen, die sich mit verschiedenen Firmen und Kunstsammlern befaßt haben und der Bedeutung von Kunst für die Corporate Identity nachgegangen sind.

Da Haacke die künstlerische nicht als eine privilegierte, sondern nur als eine besondere Spielart der allgemeinen Meinungsfreiheit betrachtet, hat er sich auch den Zustand der Demokratie wiederholt zum Thema genommen, etwa als er 1976 der umstrittenen Praxis, Mitglieder kommunistischer Parteien in der Bundesrepublik nicht als Beamte zu dulden, dem sogenannten Radikalenerlaß, zwei Arbeiten widmete oder die demagogische Unterhöhlung der Demokratie in der berüchtigten Sonthofener Rede des ehemaligen bayerischen Ministerpräsidenten Franz Josef Strauß mit einer Installation karikierte. Auf diese Weise wird man natürlich nicht zum Staatskünstler, und so sind auch nur die beiden Arbeiten Haackes in deutschem Museumsbesitz, die der couragierte Dierk Stemmler, zuletzt Direktor des Abteiberg-Museums in Mönchengladbach und deutscher Biennale-Kommissar von 1986 bis 1988, noch als Direktor des Städtischen Kunstmuseums Bonn angekauft hatte. In den USA sind nur jeweils eine Arbeit im Besitz des Philadelphia Museum of Art, des Allen Memorial Art Museum in Oberlin (Ohio) und des alternativen New Museum in New York. In Frankreich sind dagegen allein acht Arbeiten Haackes in öffentlichem Besitz, darunter auch im Musée d'Art Moderne des Pariser Centre Pompidou.

In der Wahl seiner künstlerischen Mittel läßt Haacke sich scheinbar bis an die Grenzen künstlerischer Selbstverleugnung auf seine Themen ein. Seine Formfindung orientiert sich an vertrauten Signalen und eingespielten Konstellationen, seien es Formeln der Werbung oder der politischen Repräsentation, Vorbilder aus der Kunstgeschichte oder Vorlagen aus der Ge-

genwartskunst. Nicht nur das *Ready made*, sondern auch die Pop Art haben die Mimikry inspiriert, mit der Haacke die gewählten Formeln und Kontexte kunstvoll travestiert.[16] Als er sich etwa mit den einstigen DDR-Geschäften des Kunstsammlers Peter Ludwig beschäftigte, wählte er dafür ironisch das malerische Gewand des Sozialistischen Realismus, und die Beziehung zwischen Philip Morris und dem ultrakonservativen US-Senator Jesse Helms wurde auf einer überdimensionierten Zigarettenpackung abgehandelt. Dabei sind Querverweise auf aktuelle Künstler nicht ausgeschlossen, und sie müssen nicht stets, wie bei der *Hommage à Marcel Broodthaers,* von Bewunderung genährt, sondern können auch parodistisch gemeint sein, etwa wenn 1987 *The Saatchi Collection (Simulations)* mit einer Wandinstallation vorgeführt wird, die von Künstlern aus dieser Sammlung, nämlich Haim Steinbach und Jeff Koons, stammen könnte. Es ist ein Stil der subversiven Imitation, mit dem Haacke seine kulturpolitischen Dokumentationen formuliert und in dem sich seine eigentümliche artistische Qualität manifestiert: Je größer sein Einfühlungsvermögen ist und je geschickter seine Persiflage, um so plausibler muß das Endergebnis erscheinen, was die Anstrengungen und Umwege der Formwahl und Transformationen vergessen läßt und die Würdigung der Form für manche Betrachter hinter die Provokation des Themas zurücktreten läßt.

Der Preis dieser künstlerischen Arbeitsweise liegt nicht nur in der formalen Anverwandlung, sondern auch in Risiken, die erst neuerdings juristischer oder politischer Natur sind, aber vorher schon im Orts- und Zeitbezug angelegt waren. Die Unvorhersehbarkeit der Entwicklung und des endgültigen Erscheinungsbildes war schon ein Kennzeichen seiner Prozeßkunst, als Haacke noch mit natürlichen oder technischen Materialien arbeitete. Ob die Küken wirklich ausschlüpfen, das Seidentuch über dem Ventilator in der Luft schweben und der sprechende Mynahvogel sich nicht von den Besuchern einschüchtern lassen würden, dafür hatte Haacke nie eine Garantie. Später waren die Risiken andere, etwa daß eine Ausstellung von DDR-Künstlern aus der Sammlung Ludwig, auf die eine zeitgleiche Intervention Haackes sich beziehen sollte, verschoben werden würde, oder daß es Mobil Oil gelingen konnte, einen Ausstellungskatalog einziehen zu lassen. Insgesamt trägt Haacke mit seiner politischen Kunst seit über zwanzig Jahren das Risiko der Marginalisierung auf dem Kunstmarkt, und das war nicht erst angesichts des Booms der achtziger Jahre, von dem noch die fragwürdigsten Talente profitiert haben, eine bemerkenswerte Entscheidung.

Deutsche Orte. Seit einigen Jahren zählen auch Arbeiten im Außenraum zu Haackes Werk, mit denen er den politischen Spielraum des Denkmals unkonventionell auslotet. Anläßlich der Grazer Ausstellung *Bezugspunkte 38/88,* die sich 1988 auf den fünfzig Jahre zuvor vollzogenen „Anschluß" Österreichs an das Dritte Reich bezog, travestierte Haacke ein lokales nationalsozialistisches Monument. Zur Berliner Ausstellung „Die Endlichkeit der Freiheit" montierte er 1990 auf einen ausgedienten Wachturm der DDR das Werbesignet von Mercedes-Benz, und auf einem einst von den Nationalsozialisten in München bevorzugten Aufmarschplatz hängte er 1991 anläßlich der Ausstellung „Argusauge" Fahnen mit den Namen deutscher Firmen auf, die den Irak mit kriegswichtigem Material beliefert hatten. Alle drei Arbeiten bewegen sich im Zwischenfeld politischer und wirtschaftlicher Werbung und konterkarieren ihre Symbolik. Doch ist die Travestie kein Selbstzweck, sondern eine pointierte Form der Veranschaulichung von geschichtlichen Zusammenhängen und verdrängten Geschichten.

Ähnlich pointiert war schon 1973 sein Vorschlag gewesen, im Bonner Regierungsviertel in Sichtweite des neuen Justizministeriums ein *Niemandsland* einzurichten. Wie es in der Bundesrepublik üblich ist, wurde auch bei diesem Bauvorhaben ein gewisser Prozentsatz der Gesamtsumme für „Kunst am Bau" freigestellt und ein Wettbewerb abgehalten. An diesem Wettbewerb beteiligte sich Haacke mit dem Vorschlag, einen Platz vor dem Justizministerium zu pflastern und dabei eine Fläche von 25 Metern im Quadrat optisch hervorzuheben. Eine Erdaufschüttung sollte diese ausgegrenzte Fläche überhöhen und an-

Der Deutsche Biennale-Pavillon mit der Installation Hans Haackes 1993

schließend, ohne gärtnerische Eingriffe, allein durch jene Pflanzen begrünt werden, deren Samen sich in der aufgeschütteten Erde befunden hätten oder durch den Wind herangetragen worden wären. Wie die Pflanzen sollten sich auch Menschen auf diesem rechtlich und politisch in jeder Hinsicht exterritorialen Gelände frei fühlen können, da sie dem Zugriff der staatlichen Gewalt entzogen gewesen wären. Ein solcher Vorschlag hätte die Repräsentanten des staatlichen Gewaltmonopols mit dem genauen Gegenteil ihrer Macht konfrontiert, denn der Gegenpol der Staatsgewalt ist nicht, wie man in jenen Jahren gerne glaubte, der Terrorist, sondern das unverfügbare Individuum.

Im deutschen Pavillon der Biennale Venedig hat Haacke 1993 eine drastische Variante dieses Niemandslandes verwirklicht. Das Flanierfeld für die eleganten Kunstbesucher war zerstört und unbegehbar, denn die Bodenplatten waren aufgebrochen, als fände an Stelle einer heiteren Vernissage die Auf-

Hans Haacke: *Germania,* 1993

erstehung der Toten statt. In der Apsis wiederholte sich der stolze Schriftzug, der außen das umbaute Territorium als *Germania* ausweist, aber in der Spanne zwischen Aufschrift und Echo lag ein Trümmerfeld, das den ahnungslosen Besucher zurückschrecken ließ, denn nicht einmal seinen elementarsten Erwartungen an einen Ausstellungsraum wurde hier entsprochen.

Hans Haacke: *Germania*, 1993

Der Zentralraum des protzigen Pavillons war bodenlos, als hätten die Vandalen hier gehaust, die doch in Wahrheit die Bauherren waren. Das war nicht die *terra ferma* von jenseits der Lagune, sondern die geborstene Lauffläche eines politischen Kartenhauses, zu dessen Bauzeit die seltsame Assoziation von Blut und Boden kodifiziert worden war. Haacke griff die Ambivalenz des Ortes auf und machte sie zum raumbeherrschenden Thema: Indem er niemandem den Boden bereitete, wies er auch jenem prominenten Biennale-Besucher von 1934, Adolf Hitler, die Tür, dessen Bild den Eintretenden empfangen hatte – ein nachträglicher Exorzismus in der Sprache der Minimal Art?

Man wäre versucht, noch weiter nach metaphorischen Bedeutungen dieser Intervention zu fahnden, wenn nicht das Arrangement des Eingangs schon für eine gewisse Ernüchterung gesorgt hätte. Das Markstück, das exakt an der Stelle und an der Aufhängung prangte, die einst für den Hakenkreuzadler eingelassen worden war, setzte dem Pavillon einen schrägen Akzent, in dem es die Frage nach der kulturellen Repräsentierbarkeit des Nationalen, die der Pavillon bis heute verkörpert, aufgriff und ummünzte. Diese Verkehrung gab dem Pathos des Pavillons einen empfindlichen Dämpfer, denn wer diese Tür passierte und dabei die bare Münze der staatlichen Corporate Identity gesehen hatte, erwartete die Repräsentation der deutschen Identität nicht mehr in metaphorischen Schwärmereien.

Vom Austausch des Adlers gegen die Münze wären übrigens die Vordenker der Corporate Identity am wenigsten überrascht, denn sie leiten ihre professionelle Wirtschaftsheraldik auch aus traditionellen Visualisierungen politischer Zugehörigkeit ab. Namentlich Wally Olins sieht den kommerziellen Zeichenzauber in der Tradition politischer Identitätsformeln einer „erfundenen Tradition".[17] In der Konfrontation des nationalen Gebäudes mit dem Symbol der ökonomischen Identität gab Haacke dieser Verknüpfung allerdings einen anderen Akzent, den einer Tradition, die keine sein will, aber ihre Zeugnisse nicht leugnen kann. In ähnlicher Drastik hatte er schon in seinem Beitrag für die Berliner Ausstellung „Die Endlichkeit der Freiheit" die Zeichensprache der Politik mit jener der Wirtschaft konfrontiert. Der Mercedes-Stern auf einem ausgedienten DDR-Wachturm demonstrierte nicht eines der Bündnisse politischer und ökonomischer Macht, die Haacke für die gleiche Firma in den wechselnden Kontexten des Dritten Reiches oder des südafrikanischen Apartheit-Regimes thematisiert hat, sondern die Ablösung einer primär staatlichen durch eine primär wirtschaftliche Ordnung. Der Wachturm wurde zur Metapher für eine Tyrannei, die andere Symbole propagiert hatte, wie das Markenemblem als Territorialzeichen einer Wirtschaftsordnung fungierte, die nationale und staatliche Symbole durchaus noch mitschleppt, aber in ihrer Bedeutung schmälert, ja entwertet. In der Konfrontation des unbegehbar gemachten Pavillons mit der Emblematik des Geldes war diese Verdrängung ein weiteres Mal angesprochen, nur daß es diesmal nicht um die Ablösung des menschenverachtenden Totalitarismus durch die konsumentenfreundlichen Schaltzentralen der Warenwirtschaft ging, sondern um die lokalen und generellen Dissonanzen im Verhältnis von Kunst, Wirtschaft und politischer Repräsentation.

Gegendemonstration
Der Aachener Wandmaler

Die Position des Künstlers in der bürgerlichen Gesellschaft ist die eines Selbständigen. Er wird nur noch ausnahmsweise im Auftrag tätig, entscheidet vielmehr eigenmächtig über Formate, Techniken und Themen seiner Werke. Selbständig handelt er auch, wenn es um den Verkauf und die Verbreitung seiner Werke geht. Als Freiheit der Kunst ist diese Eigenmächtigkeit des Künstlers eine zentrale Maxime der bürgerlichen Gesellschaft.

Von dieser im Grundgesetz geschützten Selbständigkeit des modernen Künstlers gibt es nur eine generelle Ausnahme: die Kunst im öffentlichen Raum. Hier können Künstler nur mit einer Genehmigung tätig werden, die in der Regel nur dann erteilt wird, wenn der Künstler im Auftrag handelt. Wer immer auch sein Auftraggeber sein mag, er ist nie so mächtig, als daß sich dieses Genehmigungsverfahren aussetzen oder in seinem Ausgang verläßlich beeinflussen ließe. Denn diese Genehmigungspflicht ermächtigt eine Reihe von Instanzen, den Entwurf des Künstlers unter den Aspekten zu prüfen, für die sie zuständig sind: Stadtplanungsamt, Liegenschaftsamt, Bauordnungsamt, Garten- und Friedhofsamt, Hochbau- und Tiefbauamt, gegebenenfalls auch das Amt für Wasserwirtschaft, die Polizei und der Technische Überwachungsverein, in jedem Falle aber das Kulturamt, der Kulturausschuß, Kunstkommission und Stadtrat – sie alle müssen befragt werden oder können sich einmischen, um allgemeine oder spezielle Bedenken und Prüfungsvorbehalte geltend zu machen.

Daraus entwickelt sich leicht eine zermürbende Prozedur, vor allem dann, wenn es um zeitgenössische Kunst geht. Diese Prozedur verschlägt Künstlern und Auftraggebern nicht selten die Lust an weiteren Vorhaben dieser Art. Selbst wenn der Auftraggeber ein kompetenter Vertreter der Öffentlichkeit ist, et-

Wandgemälde Aachen, 1979 (entfernt)

wa ein Museumsdirektor, ist diese Prozedur nicht zu umgehen und nur wenig zu beeinflussen. In einem Rechenschaftsbericht über zwei der erfolgreichsten Ausstellungen zeitgenössischer

Wandgemälde Aachen, 1979 (entfernt)

Kunst im öffentlichen Raum, „Skulptur 1977" in Münster und „Skulptur Projekte in Münster 1987", hat einer der beiden Ausstellungskommissare, Klaus Bußmann, immerhin Direktor des örtlichen Landesmuseums, die Machtlosigkeit gegenüber diesen Instanzen beklagt.[1]

Ohne Zweifel sind solche Prüfungsverfahren auch sinnvoll. Wenn man zum Beispiel erfährt, daß vor wenigen Jahren ein Kind an einem Spielplatz von der umstürzenden Außenskulptur eines zeitgenössischen Künstlers erschlagen worden ist, weil eine Stadtverwaltung bestimmte Auflagen des Technischen Überwachungsvereins nicht beachtet hatte, dann kann man sol-

Wandgemälde Aachen, 1981 (entfernt)

che Genehmigungsverfahren nicht ernst genug nehmen. Aber gerade im Zusammenhang mit zeitgenössischer Kunst stellt sich oft der Verdacht ein, daß für Detailfragen zuständige Beamte mit größtem Vergnügen ihre geschmacklichen Präferenzen in die Sachprüfung einfließen lassen und ihren privaten Kunstgeschmack unter dem Deckmantel dienstlicher Vorbehalte durchzusetzen versuchen. Dann zeigt es sich, daß in der modernen Kunst auf dem Markt, in den Galerien und Museen mittlerweile nahezu alles möglich geworden ist, während im öffentlichen Raum der künstlerischen Phantasie enge Grenzen gezogen bleiben.

Nun gibt es bekanntlich Künstler, die nicht in dieses Bild passen: Sie werden im öffentlichen Raum ohne öffentlichen Auftrag tätig, handeln also eigenmächtig auch dort, wo sie es nicht sollen, ersparen sich dadurch aber die Prozedur der Genehmigungsverfahren. Dazu haben sie – und das wissen sie selbst am besten – kein Recht. Im Gegenteil, das kodifizierte Recht spricht gegen sie und behandelt ihre Werke als Sachbeschädigung, die auf Anzeige hin strafbar und schadenersatz-

Wandgemälde Aachen, 1978 (entfernt)

pflichtig ist. Trotzdem ist diese unerlaubte Kunst im öffentlichen Raum verbreitet und beliebt. Im Schutze der Nacht werden Unmengen von Graffiti und Sprühbildern angebracht, die nur noch selten künstlerischen Rang und Einfallsreichtum verraten, aber durchaus auch ihre herausragenden Begabungen kennen, etwa den Sprayer von Zürich, Harald Naegeli, oder den nach wie vor anonymen Sprayer von Moabit.

Der Aachener Wandmaler sorgte für ein anderes Aufsehen. Seine großflächigen, durchdachten und ausformulierten Mauerbilder, die während der Nacht angebracht wurden, nur als Sachbeschädigung anzusehen, wäre ausgesprochen engstirnig. Denn bei dem Aachener Wandmaler handelt es sich um einen der interessantesten und wichtigsten politischen Maler unserer Republik, und diese Auffassung möchte ich im Folgenden begründen.

Zunächst ist es kein Zufall, daß sich diese politische Malerei außerhalb des Kunstmarktes entwickelt hat. Zwar eröffnet der Kunstmarkt einen größeren Freiheitsspielraum für die künstlerische Entscheidung als der öffentliche Raum, aber von den politischen Freiheiten wird auf dem Markt nur wenig Gebrauch gemacht. Die Kunst, die alles darf, nutzt offenbar nicht jede sich bietende Freiheit. Eduard Beaucamp, der Kunstkritiker der Frankfurter Allgemeinen Zeitung, hat diesen Zustand 1989 folgendermaßen charakterisiert: „Gerade die bildende Kunst hat sich heute fast ganz aus dem öffentlichen Dialog und von allem, was die Welt politisch, sozial oder ökologisch bewegt, verabschiedet. Verfechter einer autonomen Ästhetik sind ans Ziel ihrer Träume gelangt. Kunst und Künstler kreisen selig um sich selbst."[2] Und Jürgen Harten, Direktor der Düsseldorfer Kunsthalle, kam gleichzeitig zu einem ähnlichen Befund: „Von engagierter Kunst zu reden, gleicht heute fast einer umgekehrten Blasphemie. Wer Werken bildender Kunst noch einen anderen gesellschaftlichen Ort zuweist als die Unternehmensetage oder das Shopping-Center, macht sich beinahe lächerlich."[3] Beide Stellungnahmen mögen überspitzt formuliert sein, falsch sind sie nicht. Wenn Kunstmarkt und Publikum eine Kunst begünstigen, die sich von den wichtigsten öffentlichen Themen der Zeit unberührt zeigt, dann überrascht es nicht, daß eine politische Malerei an ungewohnten Orten auftaucht, auf der Straße, an Abrißhäusern und in Fußgängertunnels, eben im öffentlichen Raum.

Die politische Bedeutung dieser Außenkunst erschöpft sich nicht allein in den Themen, denen sie sich widmet. Politisch ist sie auch darin, daß sie einen Anspruch auf den öffentlichen Raum anmeldet, der ungewöhnlich ist, aber nicht unanständig. In der offenkundigen Mißachtung der politischen und bürokratischen Vorschriften erhebt die eigenmächtige Wandmalerei einen Anspruch auf die Öffnung des öffentlichen Raumes, sie stellt die Frage: „Wem gehört der öffentliche Raum?" Ist er ein Ort, wo sich Subjektives und Soziales vermitteln, Privates und Öffentliches verschränken lassen, oder ist er eine Grauzone der bürokratischen Standardisierung?

Betrachtet man diese Frage zunächst daraufhin, wer und was sich im öffentlichen Raum vorwiegend artikuliert, dann ist unübersehbar, wie die Ästhetik des öffentlichen Raums von kommerziellen Botschaften bestimmt wird. Die vorherrschenden Bildformen stellen im öffentlichen Raum schließlich nicht die Künste, sondern die Wegmarken der Orientierung in Verkehr und Konsum, vor allem aber die Werbeplakate. Sie liefern das visuelle Hintergrundrauschen unserer Städte und zeigen Menschen, die überglücklich sind, sich eine neue Strumpfhose überstreifen zu können oder an einer bestimmten Zigarettenmarke saugen zu dürfen. Als moderne Altartafeln artikulieren sie im öffentlichen Raum die Erlösungsvorstellungen, mit denen sich die Zumutungen der Arbeitswelt überhöhen lassen.

Die Demütigung des Passanten, der sich in der Bilderwelt des öffentlichen Raums fast nur noch in seiner Funktion als Konsument angesprochen sieht, wird nicht als Skandal empfunden. Wir haben uns an diese bunten Zumutungen gewöhnt, und das heißt vor allem: daran gewöhnt, sie nicht mehr wahrzunehmen. Allenfalls das Unterbewußtsein registriert noch diese frohen Botschaften, die sich beim Kauf nie so recht einlösen lassen wollen, erst recht nicht beim Verbrauch. So wird der öffentliche Raum ein Ort der unglaubwürdigen Mitteilungen, ein Ort des Wegschauens, des zerstreuten Blicks, der an glatten Fassaden ebenso abrutscht wie an der Aufforderung, sich gefälligst bis zum 31. Dezember zu sputen, um einer bedrängten Bausparkasse aus ihrer Liquiditätskrise zu helfen. Nur für den touristischen Blick, der mittlerweile auch schon der Blick des Stadtrandbewohners auf die Innenstadt ist, werden Wegmarken der Nostalgie als Signale lokaler Identität herausgehoben, allerdings weniger für den Passanten als vielmehr für dessen Spiegelreflexkamera.

Der öffentliche Raum ist eine Grauzone der Wahrnehmung, wie bunt er sich auch präsentieren mag. In einem solchen Kontext müssen authentische Wandgemälde skandalös wirken. Als Spurenelemente der Subjektivität ärgern sie nicht nur jene, deren Genehmigung nicht eingeholt worden ist und die sie daher um so eifriger entfernen, sie stören und irritieren jeden Passanten. Genau darin sehe ich ihre Qualität. Denn der öffentliche Raum ist nicht nur ein Ort des Wegschauens, des zerstreuten Blicks, sondern auch ein Ort der Verdrängung. Diese durch die Bildbotschaften der Werbung und Orientierungsmarken des Konsumangebots parfümierte Hygiene der Verdrängung wird durch Wandgemälde durchbrochen, die das scheinbar Private zur öffentlichen Angelegenheit machen.

Dieses Private ist die Angst, und man kann sie nicht als Privatangelegenheit betrachten, wenn man ihre Ursachen in Rechnung stellt. Wohlverstanden: Der Aachener Wandmaler ist kein furchtsamer Mensch, sonst hätte er nicht die Risiken auf sich genommen, die seine Arbeit mit sich brachte. Auch muß ihm seine heimliche Tätigkeit ein heimliches Vergnügen gemacht haben. Aber er hat auch Angst, die er zum Thema seiner Arbeit macht, weil er sich damit nicht allein fühlen will und kann. Nehmen wir nur die Angst vor den Risiken der Nutzung von Atomkraft – sei sie friedlich (wobei es ja gar nicht so friedlich zugeht) oder erst recht kriegerisch –, dann ist er mit seiner Angst nicht allein, sondern weiß sich mit vielen im Bunde. Aber diese vielen finden ihre Erfahrungen und Befürchtungen dort nicht wieder, wo sie öffentlichen Ausdruck finden müßten – im öffentlichen Raum. Hier herrscht die gnadenlose Zuversicht der Werbung, der kommerziellen wie der politischen.

Vor einem solchen Hintergrund renommiert niemand gern mit seinen Ängsten und Befürchtungen, und so geht man durch die Stadt wie durch eine Fassade, an die man nicht glaubt, der man aber auch nichts entgegenzusetzen hat.

Mit seinen Bildern hat der Wandmaler seine Angst dagegengesetzt, sie genau dort artikuliert, wo sie künstlich verdrängt wird. Seine Bilder stellen die Frage, ob der öffentliche Raum dafür offen ist, ob er dafür geöffnet werden kann, um eine politische Sphäre zu werden, die mehr vermittelt, als es die sporadischen Wahlplakate tun. In dieser Hinsicht ist die Tätigkeit des Aachener Wandmalers politisch auch über die Thematik seiner einzelnen Werke hinaus. Es ist nicht seine geringste Leistung, daß er mit seiner Arbeit der schleichenden Entpolitisierung des öffentlichen Raumes entgegenwirkt.

Kulturrevolution von oben

Auf Kaffeefahrt mit Jeff Koons

Einer der größeren Nachkriegserfolge amerikanischer Medienmissionare war, daß man auch hierzulande an den Sinn der sprichwörtlichen Karriere vom Tellerwäscher zum Millionär zu glauben begann, die doch nur eine besonders sportliche Form der Existenzverfehlung ist. Wir sind somit hinreichend dressiert, um einem *Selfmademan* mit Achtung und Neugierde zu begegnen. So sieht er also aus, der amerikanische Traum, ein angejahrter Chorknabe, verbindlich wie ein Versicherungsvertreter, auskunftsbeflissen wie eine Talkshow und aufrichtig wie ein Bigamist. Jeff Koons heißt dieser Abgrund von Bonhomie, und er gilt als Künstler. Man muß ihm Respekt dafür zollen, wie geschickt er diese frivole Autosuggestion in die Hirne jener geschleust hat, die über den Inhalt von Kunstmagazinen, Museen und dickeren Geldbörsen entscheiden. Denn seit den Tagen des großen Yves Klein ist in der Kunst kein Scharlatan mehr gesichtet worden, dessen Werk so vollständig frei gewesen wäre von jeglicher Kontamination durch ein handwerkliches Talent.

Product placement. Wenn man, wie 1993 in Stuttgart geschehen, trotzdem Retrospektiven auf das *Werk* von Koons zeigt, so liegt dem ein entschuldbares Versehen zugrunde.[1] Mögen solche Trophäensammlungen auch das Mißverständnis stärken, es ginge im Reich der Koons-Stücke noch mit geregelten *Dingen* zu, so hat Koons ein Werk nur gezwungenermaßen, weil man eben eins braucht, um als Künstler zu Ruhm und Geld zu kommen, aber nur so, wie ein Rennfahrer ein Auto braucht. Koons hat in den letzten zehn Jahren eine Ansammlung von Gegenständen und Bildern nach bewährten Wahrnehmungsrastern der Moderne ausgesucht oder anfertigen lassen, doch sind sie kaum mehr als die Vehikel eines versierten Trittbrettfahrers.

Mit Beginn der achtziger Jahre, als zuckriges *Pattern Painting* und dröhnende Kitschinstallationen kurzfristig den New Yorker Kunstmarkt verstopften, empfahl er sich mit einer coolen Geste und präsentierte Staubsauger. Weil er dabei einen bestimmten Hersteller favorisierte, konnte er nebenher gleich für die Versöhnung von *Ready made* und *Product placement* sorgen. Der abgeschmackten Pop-art-Geste folgte eine weitere Anbiederung, diesmal an den Kitschbarock, den viele seiner Landsleute für Kultur zu halten verurteilt sind. Natürlich setzte Koons auf diese Opfer nicht als Käufer, sondern als Käufer auf jene, die über diese Opfer klammheimliches Vergnügen empfinden können. Koons' Kitschreprisen sind *Insider jokes*, eine präzise kalkulierte Geschmacksverletzung als *Snob appeal*, willkommen gerade bei jenen, die sich von den hohen theoretischen Anforderungen vorhergegangener Kunstrichtungen erholen wollen.

Wie sein Präzeptor Andy Warhol behielt Koons eine glückliche Hand in der Auswahl seiner Platitüden. In seinen Motiven sucht er nach dem kleinsten gemeinsamen Nenner mit einem möglichst großen Publikum, der philosophischen Trivialität folgend, daß man auf Allgemeinplätzen eben die meisten Leute trifft. Er wählt seine Stücke danach aus, daß sie keine Mühen der Identifikation abverlangen, sondern nur die Wonnen des Wiedererkennens bereiten. Wie manche Buchverlage darauf aus sind, sich ihre Bücher von Leuten schreiben zu lassen, die schon als Fernsehmoderatoren, Schauspieler oder Politiker prominent sind, weil das immense Vorlaufkosten der Propagierung spart, sucht Koons sich seine Motive aus dem visuellen *mainstream* der Moderne zusammen. Wie Warhol dockt er an die bereits von den Medien und der Konsumgüterindustrie vorgewärmten Stellen der Wahrnehmung an; keine U-Bahn-Station des Bewußtseins läßt er aus bei einer Schwarzfahrt durch die *idées reçues*. Es ist ihm gelungen, das Klischee zum Patent anzumelden.

Ihm selber dienten seine Werke als Surfbretter für einen

Spurt zum Erfolg, der wie Urlaub aussehen soll. Als gelernter New Yorker weiß er, daß der Erfolg nicht so aussehen darf, wie er errungen wird, sondern nach Mühelosigkeit, Kompetenz und Fortüne duften muß. Darin ist der Mann wirklich verblüffend professionell, und nichts überläßt er dem Zufall oder gar Museumskuratoren. Die Stuttgarter Pressekonferenz nimmt er vollständig in die eigene Hand und führt mit Begeisterung alle hinters Licht, die ihm beim Rundgang wie einem jovialen Reiseführer folgen.

Dabei erweist sich, daß er seine Koons-Stücke nicht nur nach dem Bekanntheitsgrad aussucht, sondern auch so, daß sie verschiedenen Leuten durchaus verschiedenes bedeuten können: Den Kunstkritikern dient er sie als Gesellschaftskritik an, den Medien als Kunst, seinen Sammlern als sichere Kapitalanlagen und dem faszinierten Laufpublikum allen Ernstes als Glücksbringer. Als Meister der affirmativen Satire ist er ein smarter Medienwitz, dem sein Anhang verschwörerisch grinsend die Pointe stiftet; mit gestochener *Poker-face*-Süffisanz liefert er die vorauseilende Persiflage seiner Rezeption.

Doch läßt sich in der clever unterdosierten Komik ein unfreiwilliges Element nicht übersehen: So enden alle Kinder, die zuviel Werbefernsehen gekuckt haben. Kürzlich ging die Geschichte eines sechsjährigen Kindes durch die Presse, das, von seinen Eltern vernachlässigt und eingesperrt, schließlich nur das Idiom seines einzigen Spielgefährten, eines Hundes, beherrschte. Bei Koons hat man den Eindruck, in einer Art Wohlstandsverwahrlosung könnten die spaßigen Dämonen des Werbefernsehens seine einzigen Spielgefährten gewesen sein. Im Wortsinne heimgesucht vom endlosen Chor der Zahnpasta- und Strumpfanpreiser, die ihre ganze Glaubwürdigkeit in eine dreiste Werbelüge investieren, mußte das Opfer schließlich von den Tätern lernen. Es sind jedenfalls ihre tausendmal gesehenen Gesten, in die Koons beim Anpreisen seiner Werke verfällt, die ebenso aufgeregte wie leere Körpersprache des vorsätzlichen Betrugs. Seiner Mimik ist die Anstrengung dieser physiognomischen Täuschung bei genauerem Hinsehen ablesbar; die Wangen zittern leicht, und das Lächeln gefriert noch kälter als bei der britischen Königin. So müßte auch dem Arglosen langsam der Verdacht dämmern, die Veranstaltung könnte sich als Kaffeefahrt erweisen und ein finales Angebot von Rheumadecken zu gewärtigen sein.

Verkehrsbericht. Da ihm der Kunstbetrieb die Funktionalisierung der Kitschästhetik als avantgardistische Provokation honorierte, sozusagen als Post-Pop, ging Koons weiter in die einmal markierte Richtung und landete schließlich *Im Bett mit* – nein, eben nicht mit *Madonna*, sondern nur mit Cicciolina. Die Tiroler Pornodarstellerin war ihm nur ein weiteres Vehikel, wenn auch diesmal eines auf Gegenseitigkeit. Auf der Biennale in Venedig lieferten 1990 makellose und hinreichend deutliche Fotografien den Verkehrsbericht, dazwischen prangte die in Saccharin geschnitzte Kopulationsstudie „Made in Heaven", ein gleichnamiger Film wurde plakatiert. Aber wie es diesem Künstler an Charisma und seinem Werk an Aura gebricht, so entbehrt sein Sexualturnen einer glaubwürdigen Körpersprache. In allen Posen brilliert Koons mit der erotischen Ausstrahlung eines Papiertaschentuches. Ganz ohne zu schwitzen führt er vor, daß stillzuhalten für den Fotografen auch den Sex zur Arbeit machen kann, jedenfalls den Sex eines Handlungsreisenden: Dr. Schlaumeiers Ekstase zeigt uns endlich den Kapitalismus mit menschlichem Hintern.

Die Obszönität seines Zugriffs auf Cicciolina bestand natürlich nicht in der RTL-Kindern längst geläufigen Bildsprache der Pornographie. Irritierend war vielmehr, wie herzlos lächelnd er die Popularität des scheinbar Intimsten ausschlachtete. Denn seine Gespielin wurde nur deshalb das Objekt seiner Begierde, weil sie es auf dem Gebiet der Sexualität zu einer gewissen Medienprominenz gebracht hatte. Wie der monegassische Fürst Rainier einst für die rauschende Vermählung von Feudalismus und Showbusiness die Hollywood-Schauspielerin Grace Kelly einwarb und so das Image seiner Steueroase in den Medien aufputzte, so hat sich auch Jeff Koons seine „Vorführdame" (Koons) nach den Spielregeln der Medienprominenz ausgesucht. Anwälte bahnten die Arbeitsbegattung an, handelten Anteile aus und schlossen Verträge. Doch eine nur allzu bekannte Regie sorgte schließlich dafür, daß die beiden sich über der Arbeit ineinander verliebten, und die Hochzeit von Art Biz und Porno-Prominenz wurde eingeläutet. So haben sich die Medienmärchen geändert! Und so sind sie eben, die Kinder, die zuviel Werbefernsehen gekuckt haben: Selbst Frauen trauen sie nur dann, wenn sie diese schon aus den Medien kennen.

Ubiquität. Aber was hat dieser Frankenstein der Marktwirtschaft, diese Ausgeburt des New Yorker *Hardcore*-Kapitalismus' eigentlich in Deutschland verloren, wo er dann auch noch kurzfristig mit seiner kurzfristigen Familie wohnte? Sollen wir uns nun auch noch an *diesen* Ami-Nippes gewöhnen, nur noch *Hoover*-Staubsauger kaufen oder gar, wie Eduard Beaucamp spottete, im transatlantischen Cunnilingus eine neue Emblematik der Kontinente erblicken?[2] Sind im krisengezeichneten US-Kunstmarkt die Koons-Aktien so sehr gesunken, daß der europäische Markt interessanter wird? Soll er nun, wie einst Paul Anka, Gus Backus oder Peggy March, auf hiesige Kolonialbühnen abgeschoben werden, weil es in den US-Charts bergab geht, schlägt nun auch der Kunst die Stunde der europäischen Zweitverwertung?

Noch nicht. Gleichzeitige Ausstellungseröffnungen in Köln, New York und Chicago signalisierten 1988 vielmehr die Internationalität der Kunst als Synergie mit der Mediengesellschaft, zugleich die topographische Gleichmacherei des Marktes: In allen drei Galerien waren die gleichen Kunstwerke zu besichtigen, da sie eigens in einer entsprechenden Auflage angefertigt worden waren. Warum sollte man auch aus US-Arroganz einen Marktstandort wie Köln ignorieren, wenn man dort gutes Geld verdienen kann? Wären Manila, Nairobi oder Kuala Lumpur ähnlich interessante Kunstmarktstandorte gewesen, Koons hätte sie umstandslos als weitere Stationen seiner Epiphanie eingeplant und sechs Exemplare aufgelegt. Auf dem Markt vollzieht er den Traum der Futuristen von der Ubiquität des modernen Lebens. Es hätte einen nicht gewundert, wäre er zu

Jeff Koons: *Art Magazine Advertisement – Classroom,* 1988/89

allen Vernissagen als seine eigene Edition erschienen, wirkt doch schon sein Werk leicht geklont.

Kulturrevolution. Koons führt die Branchenkniffe so nachdrücklich vor, daß man meinen könnte, es sei das Ziel seiner Kunst, ihren Endverbrauchern die Funktionsweise des Kunstbetriebs zu veranschaulichen. Doch bei aller Kollaborationsbereitschaft, aus welcher dieser Mann zu hundert Prozent zu bestehen scheint, ist Aufklärung die letzte seiner Ambitionen. Vielmehr ist Prominenz das Thema seines Œuvres. Sie liefert der bunten Magie unserer Gesellschaft bekanntlich die soziale Hauptenergie, aber sie will natürlich erst einmal erworben sein.

So steht im Zentrum des ansonsten auf Dauer eher mäßig interessanten Werkes eine perfekt gestaltete Werbekampagne für Koons, die *Art Magazine Ads* von 1988. Diese Manipulations-Ikonen verdeutlichen, daß es nicht um ein Œuvre, sondern um ein *Image* geht.

In einem der professionell und intelligent inszenierten Bühnenbilder sitzt Koons, versonnen lächelnd, inmitten einer multikulturellen Schulklasse vor einer Tafel, auf der unter anderen Kreideaufschriften *(Banality as saviour)* der entscheidende Satz steht, mit der die „Internationale" der Kulturindustrie anhebt: *Exploit the masses.* Damit ist natürlich nicht die Ausbeutung im Sinne des Manchester-Kapitalismus gemeint, die rigorose Ausbeutung der Arbeitskraft; vielmehr geht es um die offensive Variante, die kulturindustrielle Ausbeutung der Träume und Instinkte: Man muß die Leute ja nicht realsozialistisch zu ihrem Glück zwingen, wenn man ihnen auch verkaufen kann, was sie dafür halten. Koons macht gleichsam auf der Metaebene vor, wie das geht; der „Yippie-Yuppie-Artist" (Allan Schwartzman) ist ein Kulturrevolutionär aus der Manager-Etage.[3]

Er setzt damit das Werk von Andy Warhol fort, ohne auf dessen Motive oder Arbeitstechniken zurückgreifen zu müssen, nämlich allein in dessen Marketingkompetenz. Warhol hatte die Transformation der Kunst zur Kulturindustrie bereits eingeleitet. Sie stiftete ihm mit ihren populären Protagonisten nicht nur willkommene Motive, sondern in der Arbeitsteilung auch ein Modell für die Herstellungsweise seiner Kunst. Mit der geringen Begeisterung, zu der er fähig war, orientierte er sich an den Errungenschaften der kulturindustriellen Produktionsweise. Wie Walt Disney die Tatsache, daß er selbst kaum noch gezeichnet hat, nicht davon abhielt, alle Produkte seiner Fabrik unter der durchgestylten Signatur seines Namens laufen zu lassen, hat die Arbeitsteilung seiner *factory* auch Warhol nicht davon abgehalten, deren Produkte mit dem Markenzeichen seines Namens auszustatten. In der Kulturindustrie wird die Anonymität der arbeitsteiligen Urheberschaft mit dem Markenzeichen einer fabrizierten Autorenschaft überblendet,

Jeff Koons: *Art Magazine Advertisement – Seals,* 1988/89

deren Mythos sich freilich bestens für eine Diversifikation eignet, die Warhol mit Filmen, Musikproduktionen, Zeitschriften und einem Portraitauftragsdienst arrondierte.

Warhol hat diese Industrialisierung der Kunst natürlich nicht erfunden, seit Konrad Farners gleichnamigem Buch gilt vielmehr „der industrialisierte Romantiker“ Gustave Doré als ihr Vordenker und bereits das 19. Jahrhundert als Boomzeit.[4] Doch ist es erst Warhol gelungen, sie mit dem Avantgarde-Begriff zu vereinbaren, in dessen Windschatten er selbst die Serienproduktion, ein weiteres Stigma der Kulturindustrie, zu nobilitieren vermochte.

Hier knüpft Koons an. Indem er das Marketing seiner *idées reçues* zur Kunst erhebt, läßt er auch die Karrierestrategien von unverdächtigen Künstlern erahnen, die mit Museen, Medien und dem Markt durchweg ihre PR-Bündnisse schließen, auch wenn sie sich anschließend ganz harmlos geben, als sei ihnen der Erfolg wie Sterntaler ins Schürzchen gefallen, und moralisch auftrumpfen, als seien immer nur die anderen korrupt. Darin lag Koons' interne Herausforderung an den Betrieb: Wie ein schwarzes Schaf kompromittierte er die angesehene Familie, die ihn zu ihrer Siegesfeier, dem Marktboom der achtziger Jahre, gar nicht eingeladen hatte. Auch wenn sie ihm nicht wohlgesonnen sind, macht er sogar noch die Kritiker zu Komplizen seiner PR-Arbeit. Seine geschickte Positionierung kontroverser Themen rückt überdies jeden anderen kritischen Impuls der Kunst in den Verdacht des kalkulierten Skandals. So war es nicht überraschend, daß Nachwuchskritiker Anfang der achtziger Jahre selbst und gerade das Œuvre von Haacke im Lichte von Koons als zynische PR-Strategie betrachten wollten, statt in Koons' Travestien einen erfolgreichen Angriff auf die Glaubwürdigkeit künstlerischer Gesellschaftskritik zu sehen – sein intelligenter Auftritt rechtfertigt noch die dümmste Verschwörungstheorie, die man gegen die moderne Kunst oder die Kulturindustrie ausbrüten kann.

Wie in jedem anderen Industriezweig läßt sich auch in der Kulturindustrie die Produktion auf Dauer nur durch eine Eskalation der Kosumanreize sicherstellen. Es ist diese Logik, der Koons' Weg vom Staubsauger zur Pornographie folgte. Demnächst wird er womöglich noch als politischer Ankläger überraschen. Warum sollte er auch darauf verzichten, die ubiquitären Bilder des Elends und Unglücks aufzugreifen, mit denen sich doch schon ein italienischer Wollbekleidungshersteller ins Gerede brachte, in strenger Anwendung der Warholschen und Koons'schen Methoden? Mit der Benetton-Werbekampagne ist spektakulär in die Kulturindustrie zurückgekehrt, was Warhol und Koons ihr entlehnt hatten, nämlich das Gespür für die unüberbietbare Publizität kontroverser Bilder.

Natürlich würde dieser Herold der tabuverletzenden Gesellschaft – die über ihre Medienobsessionen freilich nachzudenken beginnt wie ein angeschlagener Suchtkranker – keinen Moment zögern, beim Begräbnis der permissiven Kultur in Frack und Zylinder zu erscheinen und Läuterung zu signalisieren. Nur würde er dann niemanden mehr interessieren. Darum sollte man ihn sich jetzt noch einmal genauer ansehen: Das ist er, der Mann, vor dem wir unsere Eltern immer gewarnt haben.

Anmerkungen und Literaturhinweise

Für Anregungen und Hinweise danke ich Klaus Bußmann, Boris Groys, Max Hetzler, Florian Matzner, Wilhelm Schürmann und Jan Thorn-Prikker, für (nicht immer befolgte) Kritik Friedrich Wolfram Heubach, Peter Moritz Pickshaus, Herbert Prokasky, Silke und Eckard Schreiber, Franz-Joachim Verspohl und Uwe Wittstock.

Einleitung

[1] Karl Markus Michel: *Ein Kranz für die Literatur. Fünf Variationen über eine These.* In: Kursbuch 15, November 1968, S. 169–186; Karl Heinz Bohrer: *Die gefährdete Phantasie, oder Surrealismus und Terror.* München 1970; Klaus Laermann: *Narziß gegen Ödipus. Die Studentenbewegung als ästhetischer Protest.* In: Neue Rundschau, 104. Jg., 1993, Heft 2, S. 37–46.
[2] Zu Anselm Kiefer, der hier nicht näher behandelt wird, siehe die Essays *Der Dachboden* in meinem Buch *Der vergeßliche Engel. Künstlerportraits für Fortgeschrittene.* München 1986, S. 7–22; sowie *Raumbilder* in Joachimides/Rosenthal/Schmied (Hrsg.): *Deutsche Kunst im 20. Jahrhundert. Malerei und Plastik 1905–1985*, München 1985, S. 125–133.

Die große Maskerade und *Der mürrische Kompromiß*

Literatur:

Adam, Konrad: *Die verlassene Generation. Über Rechtsradikalismus und Jugendprotest.* In: Frankfurter Allgemeine Zeitung, 4. Januar 1993.
Adorno, Theodor W.: *Résumé über Kulturindustrie.* In: Ders.: *Ohne Leitbild. Parva Aesthetica.* Frankfurt/Main 1967.
Adorno, Theodor W./Horkheimer, Max: *Dialektik der Aufklärung. Philosophische Fragmente.* (1944) Frankfurt/Main 1969.
Aids and the Arts. A Lost Generation. Titelgeschichte der Newsweek vom 18. Januar 1993.
Ammann, Jean-Christophe: *Die nach 1950 Geborenen...* In: *Robert Gober...*, Kat. Galerie Max Hetzler und Thomas Borgmann, Köln 1992, S. 3–6.
Annas, Max/Christoph, Ralph (Hrsg.): *Neue Soundtracks für den Volksempfänger. Nazirock, Jugendkultur & rechter Mainstream.* Berlin/Amsterdam 1993.
Aust, Stefan: *Der Baader-Meinhof-Komplex.* Hamburg 1985.

Biller, Maxim: *Die Tempo-Jahre.* München 1991.
Bohrer, Karl Heinz: *Die gefährdete Phantasie oder Surrealismus und Terror.* München 1970.
Bourdieu, Pierre: *Die feinen Unterschiede. Kritik der gesellschaftlichen Urteilskraft.* Frankfurt/Main 1982.
Bude, Heinz: *Deutsche Karrieren. Lebenskonstruktionen sozialer Aufsteiger aus der Flakhelfer-Generation.* Frankfurt/Main 1987.
Bürger, Peter: *Theorie der Avantgarde.* Frankfurt/Main 1974.
Clark, Larry: *Tulsa.* New York 1971.
Ders.: *Teenage Lust.* New York 1983.
Clark, Larry/Kelley, Mike: *In Youth is Pleasure.* Gespräch in Flash Art No. 164, 1992, S. 82–86.
Cohn-Bendit, Dany/Mohr, Reinhard: *1968. Die letzte Revolution, die noch nichts vom Ozonloch wußte.* Berlin 1988.
Cooper, David: *Der Tod der Familie.* Reinbek 1972.
Cornel, Hajo/Knigge, Volkhard (Hrsg.): *Das neue Interesse an der Kultur.* Hagen 1990.
Coupland, Douglas: *Generation X. Tales for an Accelerated Culture.* (1991) London 1992; dt. Ausgabe *Generation X. Geschichten für eine immer schneller werdende Kultur.* Hamburg 1992.
Dahrendorf, Ralf: *Pfade aus Utopia. Zur Theorie und Methode der Soziologie.* (1967) Neuausgabe München 1974.
Debord, Guy: *Die Gesellschaft des Spektakels.* (1967) Hamburg 1978.
Die wilden 68er. Spiegel-Spezial, Hamburg 1988.
Diederichsen, Diedrich: *Zeichen statt Materie. Wird sich der künftige Konsum von den materiellen Gütern auf zeichenhafte, auf Immaterielles verlagern?* In: *Design der Zukunft.* Hrsg. von Lucius Burckhardt und Internationales Design Zentrum Berlin, Köln 1987, S. 109–124.
Ders.: *Freiheit macht arm. Das Leben nach Rock 'n' Roll 1990–1993.* Köln 1993.
Diner, Dan: *Verkehrte Welten. Antiamerikanismus in Deutschland. Ein historischer Essay.* Frankfurt/Main 1992.
Draxler, Helmut: *Die Utopie des Designs. Ein archäologischer Führer für alle, die nicht dabei waren.* In: Kat. *Die Utopie des Designs.* Kunstverein München 1994.
Duerr, Hans-Peter: *„Das Gewissen hat versagt."* Spiegel-Gespräch, In: Der Spiegel 2/1993, S. 170–173.
Eco, Umberto: *Apokalyptiker und Integrierte. Zur kritischen Kritik der Massenkultur.* Frankfurt/Main 1986.
Eisenberg, Götz/Gronemeyer, Reimer: *Jugend und Gewalt. Der neue Generationenkonflikt oder Der Zerfall der zivilen Gesellschaft.* Reinbek 1993.
Enzensberger, Hans Magnus: *Einzelheiten I. Bewußtseins-Industrie.* Frankfurt/Main 1967.
Ders.: *Aporien der Avantgarde.* In: *Einzelheiten II. Poesie und Politik.* Frankfurt/Main 1984.

Ders.: *Politische Brosamen.* Frankfurt/Main 1985.

Ders.: *Mittelmaß und Wahn. Gesammelte Zerstreuungen.* Frankfurt/Main 1988.

Ders.: *Aussichten auf den Bürgerkrieg.* Frankfurt/Main 1993.

Erd, Rainer/Hoß, Dietrich/Jacobi, Otto/Noller, Peter (Hrsg.): *Kritische Theorie und Kultur.* Frankfurt/Main 1989.

Flender, Reinhard/Rauhe, Hermann: *Popmusik. Aspekte ihrer Geschichte, Funktionen, Wirkung und Ästhetik.* Darmstadt 1989.

Frith, Simon/Horne, Howard: *Art into Pop.* London/New York 1987.

Graham, Dan: *Rock my Religion.* Writings and art projects 1965–1990. Cambridge, Mass. 1993.

Greiner, Ulrich: *Die Droge der Illusionslosigkeit.* In: Die Zeit, 3. September 1993.

Groys, Boris: *Gesamtkunstwerk Stalin. Die gespaltene Kultur in der Sowjetunion.* München 1988.

Ders.: *Über das Neue. Versuch einer Kulturökonomie.* München 1992.

Häsing, Helga/Stubenrauch, Herbert/Ziehe, Thomas (Hrsg.): *Narziß. Ein neuer Sozialisationstypus?* Bensheim 1981.

Haug, Wolfgang Fritz: *Kritik der Warenästhetik.* Frankfurt/Main 1971.

Holbein, Ulrich: *Die vollbesetzte Bildungslücke.* Hildesheim 1993.

Jacob, Günther: *HipHop – Folklore wider Willen: Das Ghetto als Disneyland.* In: Die Zeit, 9. September 1994.

Jagger, Mick/Richards, Keith: *„Geld ist eine feine Sache"*, Interview mit Thomas Hüetlin. In: Der Spiegel 26/1994, S. 150–156.

Janßen, Karl-Heinz: *Die große Wut. Die Revolution der '68er.* In: Zeit-Magazin, No. 24–27, 1992.

Jogschies, Rainer: *Wer zweimal mit derselben pennt... Die befreiten Sechziger.* Frankfurt (Main)/Berlin 1991.

Kat. *Aufbrüche, Manifeste, Manifestationen.* Kunsthalle Düsseldorf 1984.

Kat. *'68 – Kunst und Kultur.* Pulheim 1993.

Kat. *Die Utopie des Designs.* Kunstverein München 1994.

Kat. *um 1968. konkrete utopien in kunst und gesellschaft.* Kunsthalle Düsseldorf, Köln 1990.

Kat. *Schock und Schöpfung. Jugendästhetik im 20. Jahrhundert.* Hrsg. vom Deutschen Werkbund und Württembergischer Kunstverein, Stuttgart 1986.

Kreuzer, Helmut: *Veränderungen des Literaturbegriffs. Fünf Beiträge zu aktuellen Problemen der Literaturwissenschaft.* Göttingen 1975.

Kreye, Andrian: *Vermarktung der Rebellion: Popkultur.* In: Frankfurter Allgemeine Magazin, No. 737, 1994, S. 25–32.

Krier, Leon: *Atlantis.* Kat. Galerie der Stadt Stuttgart 1988.

Kureishi, Hanif: *Eight arms to hold you.* In: Granta 43. Best of Young British Novelists. London 1993.

Laermann, Klaus: *Narziß gegen Ödipus. Die Studentenbewegung als ästhetischer Protest.* In: Neue Rundschau 2/1993, S. 37–46.

Lüdke, W. Martin (Hrsg.): *Nach dem Protest. Literatur im Umbruch.* Frankfurt/Main 1979.
Luger, Kurt: *Die konsumierte Rebellion. Geschichte der Jugendkultur 1945–1990.* Wien/St. Johann (Pongau) 1991.
Maase, Kaspar: *Bravo Amerika. Erkundungen zur Jugendkultur der Bundesrepublik in den fünfziger Jahren.* Hamburg 1992.
Marcus, Greil: *Lipstick Traces. Von Dada bis Punk – kulturelle Avantgarden und ihre Wege aus dem 20. Jahrhundert.* Frankfurt/Main 1992.
Marquard, Odo: *Abschied vom Prinzipiellen. Philosophische Studien.* Stuttgart 1981.
Meves, Christa/Ortlieb, Heinz Dietrich: *Die ruinierte Generation.* Freiburg 1982.
Michel, Karl Markus: *Ein Kranz für die Literatur. Fünf Variationen über eine These.* In: Kursbuch 15, November 1968, S. 169–186.
Miller, Arthur: *Zeitkurven. Ein Leben.* Frankfurt/Main 1987.
Mohr, Reinhard: *Zaungäste. Die Generation, die nach der Revolte kam.* Frankfurt/Main 1992.
Morshäuser, Bodo: *Hauptsache Deutsch.* Frankfurt/Main 1992.
Ohrt, Roberto: *Phantom Avantgarde.* Hamburg 1990.
Ortheil, Hanns-Josef: *Schauprozesse. Beiträge zur Kultur der 80er Jahre.* München 1990.
Pehnt, Wolfgang: *Anarchie nach Vorschrift. Die sechziger Jahre und das Prinzip der Vervielfältigung – Porträt einer optimistischen Dekade.* In: Frankfurter Allgemeine Zeitung, Beilage Bilder und Zeiten, 3. August 1991.
Plenzdorf, Ulrich: *Die neuen Leiden des jungen W.* Frankfurt/Main 1976.
Pop und Politik. Spiegel Spezial 2/1994.
Richter, Claus: *Die überflüssige Generation. Jugend zwischen Apathie und Anpassung.* Königstein 1979.
Roos, Peter: *Die wilden 40er. Porträt einer pubertären Generation.* Düsseldorf/Wien/New York/Moskau 1992.
Rutschky, Michael (Hrsg.): *Errungenschaften. Eine Kasuistik.* Frankfurt/Main 1982.
Ders. (Hrsg.): *1982. Ein Jahresbericht.* Frankfurt/Main 1983.
Sanders, Ed: *Glanz und Gloria der Beatniks. Stories der Wilden Generation.* Basel 1979.
Schäfer, Horst/Baacke, Dieter: *Leben wie im Kino. Jugendkultur im Film.* Frankfurt/Main 1994.
Schimmang, Jochen: *Der schöne Vogel Phönix.* Frankfurt/Main 1979.
Schmidbauer, Wolfgang: *Homo consumens.* (1972) Jetzt in: Ders.: *Weniger ist manchmal mehr. Zur Psychologie des Konsumverzichts.* Vollst. überarb. und erweit. Neuausgabe, Reinbek 1992.
Schmidt, Hans Werner: *„Chinesen am Rhein". Bilder zum Bild Mao Tsetungs.* In: *um 1968. konkrete utopien in kunst und gesellschaft.* Kat. Kunsthalle Düsseldorf, Köln 1990, S. 136–148.

Ders.: *Andy Warhol „Mao" – Joseph Beuys „Ausfegen". Zwei Arbeiten aus dem Jahr 1972.* In: Idea, Jahrbuch der Hamburger Kunsthalle IX/1990, S. 211–228.

Schulze, Gerhard: *Die Erlebnis-Gesellschaft. Kultursoziologie der Gegenwart.* Frankfurt (Main)/New York 1992.

Stephan, Cora: *Der Betroffenheitskult. Eine politische Sittengeschichte.* Berlin 1993.

Strauß, Botho: *Versuch, ästhetische und politische Ereignisse zusammenzudenken. Texte über Theater 1967–1986.* Frankfurt/Main 1987.

Ders.: *Der Aufstand gegen die sekundäre Welt.* In: George Steiner: *Von realer Gegenwart.* München 1990, S. 303–320.

Ders.: *Anschwellender Bocksgesang.* In: Der Spiegel 6/1993, S. 202–212.

Theweleit, Klaus: *... ein Aspirin von der Größe der Sonne.* Freiburg i. Br. 1990.

What's left? Prognosen zur Linken. Berlin 1993.

Wittstock, Uwe (Hrsg.): *Roman oder Leben. Postmoderne in der deutschen Literatur.* Leipzig 1994.

Wolfe, Tom: *Das bonbonfarbene tangerinrot-gespritzte Stromlinienbaby.* Reinbek 1968.

Ders.: *Radical Chic und Mau Mau bei der Wohlfahrtsbehörde.* Reinbek 1972.

Ders.: *Das silikongespritzte Mädchen.* Reinbek 1976.

Zappa, Frank/Occhiogrosse, Peter: *I am the American Dream.* München 1991.

Soziale Plastik

[1] Gislind Nabakowski: *Erinnerungen an die Jahre 1966 bis 1971 mit und um Joseph Beuys.* In: *Brennpunkt Düsseldorf 1962–1987. Joseph Beuys – Die Akademie – Der allgemeine Aufbruch.* Kat. Kunstmuseum Düsseldorf 1987, S. 101–107: „Die künstlerische Arbeit von Beuys selbst kannten wir damals hingegen meistens kaum." (S. 102).

[2] Vgl. Uwe M. Schneede: *Joseph Beuys. Die Aktionen.* Kommentiertes Werkverzeichnis mit fotografischen Dokumentationen. Stuttgart 1994.

[3] Joseph Beuys, Brief vom 10.3.1985 an Dominique Quentin, faksimiliert in *Brennpunkt Düsseldorf,* a.a.O., S. 99.

[4] Dieter Hacker/Bernhard Sandfort (Hrsg.): *Die Schönheit muß auch manchmal wahr sein. Beiträge zu Kunst und Politik.* Berlin 1982, S. 18–29.

[5] Helmut Kreuzer: *Die Bohème.* Stuttgart 1968; *Mythologie der Aufklärung – Geheimlehren der Moderne.* Jahresring 46. Jahrbuch für moderne Kunst, red. von Beat Wyss. München 1993; Hans Magnus Enzensberger: *Die Aporien der Avantgarde.* In: *Einzelheiten II. Poesie und Politik.* Frankfurt/Main 1984.

[6] Nabakowski, a.a.O., S. 102.

[7] Angelica Krogmann: *Simone Weil.* Reinbek 1970, S. 120.

[8] Marcel Broodthaers: *Lieber Beuys.* Brief an Joseph Beuys vom 28.9.1972, am 3. Oktober 1972 abgedruckt in der Rheinischen Post, Düsseldorf.

[9] Siehe hierzu Günter Oesterle: *Juden, Philister und romantische Intellektuelle. Überlegungen zum Antisemitismus in der Romantik.* In: Athenäum. Jahrbuch für Romantik, 2. Jg., 1992, Paderborn/München/Wien/Zürich, S. 55–90.

[10] Zur Kritik der Duchamp-Rezeption siehe Dieter Daniels: *Duchamp und die anderen. Der Modellfall einer künstlerischen Wirkungsgeschichte in der Moderne.* Diss. TH Aachen 1991, Köln 1992.

[11] Zit. nach Schneede (Anm. 2), S. 82.

[12] Siehe hierzu Franz-Joachim Verspohl: *Plastik = Alles: Zu den 4 Büchern aus „Projekt Westmensch", von Joseph Beuys,* als Beiheft zur Faksimile-Ausgabe des „Projekt Westmensch" hrsg. von Jörg Schellmann. München 1992.

[13] Zu der leider bis heute nicht publizierten Diskussion siehe Laszlo Glozer: *Beuys in Stockholm.* In: Ders.: *Kunstkritiken.* Frankfurt/Main 1974, S. 225–230.

Magnifizenz Lüpertz

[1] Rainer Gruenter: *Denk ich an Düsseldorf;* Michael Schirner: *Die Eleganz des neuen Geldes.* In: Merian *Düsseldorf,* 40. Jg. Heft 12, Dezember 1987.

[2] Markus Lüpertz: *Über den Schaden sozialer Parolen in der bildenden Kunst,* in Kat. *Markus Lüpertz – Bilder 1970–1983,* hrsg. von Carl Haenlein, Kestner Gesellschaft Hannover, 1983, S. 19–22; die Essay-Sammlung *Le Rappel à l'ordre* von Jean Cocteau erschien 1926.

[3] Markus Lüpertz: *Dithyrambisches Manifest.* In: Fasanenstraße 13, Nr. 2. Berlin 1968, S. 1.

[4] Markus Lüpertz: *Gedichte. 1961–1983 Auswahl,* 1983 im Verlag Zwölf Träume zur Ausstellung in der Kestner Gesellschaft Hannover erschienen.

[5] Siehe hierzu das Gespräch mit Eva Karcher in: Wolkenkratzer Art Journal, 4/1984, S. 76–79.

[6] Peter Winter: *Cezanne würde sich im Grab umdrehen.* In: Frankfurter Allgemeine Zeitung, 8. September 1983, S. 27; Hans-Joachim Müller: *Fülle durch lauter Leere.* In: Die Zeit, 8. März 1991, S. 66; Matthias Matussek: *Empfang bei Hofe. Lüpertz, Tizian und Co.* In: Kursbuch Bd. 108, Juni 1992, S. 113–122, hier S. 120.

[7] Diedrich Diederichsen: *Neue Meister: Lüpertz und andere* (1985). In: Ders.: *Elektra. Schriften zur Kunst.* Hamburg 1986, S. 175–185, hier S. 182f.

[8] Michael Schwarz: *Spontanmalerei. Über das Verhältnis von Farbe und Gegenstand in der neueren Malerei.* In: Kunstforum International, Bd. 20, 1977, S. 46–66.

[9] Klaus Wagenbach: *‚Neue Wilde', teutonisch, faschistisch?* In: Freibeuter, Bd. 5, 1980, S. 138–147.

[10] Siehe hierzu Georg Bussmann: *Deutsche Motive.* In: Kat. Arbeit in Geschichte – Geschichte in Arbeit. Hamburg/Westberlin 1988, S. 176–188.
[11] Carl Haenlein: *Bilder über Malerei.* In: Kat. Kestner Gesellschaft Hannover 1983, S. 11–17, hier S. 12.
[12] Siegfried Gohr (Hrsg.): *Markus Lüpertz – Deutsche Motive.* Stuttgart 1993.
[13] Gespräch mit Eva Karcher, a.a.O., S. 78.
[14] Ebd., S. 79.

Der Bürgerkrieg als Dienstleistung

Zuerst erschienen in: Kat. *Olaf Metzel. Zeichnungen 1985–1990.* Westfälisches Landesmuseum Münster, Kunstraum München, Institut für moderne Kunst, Nürnberg, 1990. Gekürzt und überarbeitet. Zur Diskussion des Denkmalhaften in Metzels Skulpturen siehe jetzt Christoph Heinrich: *Strategien des Erinnerns. Der veränderte Denkmalbegriff in der Kunst der achtziger Jahre.* München 1993.

Erborgte Radikalität

Zuerst erschienen in *Jahresring 36. Jahrbuch für moderne Kunst,* hrsg. von Walter Grasskamp, Bernhard Freiherr von Loeffelholz und Arend Oetker. München 1989. Leicht gekürzt und bearbeitet. Zu dieser Kritik nahm Gerhard Richter Stellung in einem offenen Brief vom 17. Oktober 1989, abgedruckt in *Gerhard Richter – 18. Oktober 1977 – Presseberichte,* hrsg. vom Museum für Moderne Kunst und Portikus. Frankfurt (Main)/Köln 1989, S. 111–112; siehe weiterhin Hubertus Butin: Zu *Richters Oktober-Bildern* Köln 1991, sowie Hans Ulrich Obrist (Hrsg.): *Gerhard Richter – Text.* Frankfurt/Main 1993.
[1] Arnulf Rainer: *Hiroshima.* Werkgruppe aus 57 Bildern. Katalog hrsg. von Alexander von Berswordt-Wallrabe, Galerie m Bochum 1982.
[2] Arnulf Rainer: *Lamento.* In: Journal of Contemporary Art. Vol. 1, No. 2, New York Fall/Winter 1988, S. 86.
[3] Elias Canetti: *Der Überlebende.* In: Ders.: *Masse und Macht.* 2 Bde. München o. J., Bd. 1, S. 249–311.
[4] Mit einer Ausnahme, Angeli Janhsen: *Gerhard Richter „18. Oktober 1977“.* In: das kunstwerk, 2/1989, S. 87–90, wo außer auf Arnulf Rainer auch auf Robert Morris Bezug genommen wird.
[5] Benjamin H. D. Buchloh: *Gerhard Richter: 18. Oktober 1977.* In: Katalog *18. Oktober 1977.* Köln 1989, S. 55–59, hier S. 55.
[6] Jürgen Harten (Hrsg.): *Gerhard Richter. Bilder/Paintings 1962–1985.* Köln 1986, S. (19) und 2.
[7] Gerhard Richter: *Atlas.* Hrsg. von Fred Jahn. München 1989, S. 30–31; siehe hierzu auch Harten, a. a. O., S. (22).

[8] Gerhard Richter: *Notizen/Notities.* In: Katalog *Richter – werken on papier 1983–1986.* Museum Overholland Amsterdam 1987, S. 4–16.
[9] Jan Thorn-Prikker: *Wir sehen auch unser eigenes Ende.* Ein Gespräch mit dem Maler Gerhard Richter über den Zyklus *18. Oktober 1977.* In: Frankfurter Rundschau, 29. April 1989, sowie Gérhard Richter/Jan Thorn-Prikker: *Gespräch über den Zyklus 18. Oktober 1977.* In: Parkett, 19/1989, S. 127–139.
[10] Ernst Nef: *Sprachgesten. Ein neuer Prosaband von Rainald Goetz.* In: Neue Zürcher Zeitung, 20. Januar 1989, S. 45. Peter Rühmkorf: *Gedanken aus der Dunkelkammer.* In: Ders.: *Bleib erschütterbar und widersteh.* Aufsätze, Reden, Selbstgespräche. Reinbek 1984, S. 121–145.
[11] Stefan Aust: *Der Baader-Meinhof-Komplex.* Hamburg 1985.
[12] Roland Barthes: *Schockfotos.* In: Ders.: *Mythen des Alltags.* Frankfurt [3]1974, S. 55–58.
[13] „Kunst wird kritiklos aufgenommen unter dem Motto: Nun macht mal, es ist ja alles ganz interessant." Interview Wolfgang Pehnt mit Gerhard Richter. In: Werner Krüger/Wolfgang Pehnt: *Künstler im Gespräch. Documenta – Documente.* Köln 1984, S. 118–131, hier S. 130.

„Deutschland in Ordnung bringen"

[1] Jörg Immendorff: *Hier und jetzt: Das tun, was zu tun ist. Materialien zur Diskussion: Kunst im politischen Kampf. Auf welcher Seite stehst Du, Kulturschaffender.* Köln/New York 1973. Das vergriffene Buch ist komplett faksimiliert in: *Immendorffs Handbuch der Akademie für Adler.* Kat. Portikus Frankfurt/Main 1990, Buchausgabe Köln 1990.
[2] Darin gab Harald Szeemann den Beuys-Kritikern später recht: Die „Internationalisierung des Akademiestreites ist denn auch vor allem Beuys und seiner Notorietät zu verdanken, und die Basisarbeit der LIDL-Akademie ist vor diesem Hintergrund zu sehen". Harald Szeemann: *Der lange Marsch oder Ausreizungen aus der Zeit heraus. Ein Kompilat.* In: Kat. *Jörg Immendorff,* Kunsthaus Zürich, 1983, S. 8–34, hier S. 21.
[3] Vgl. dazu das Gespräch mit dem Autor in: Christos M. Joachimides (Hrsg.): *Ursprung und Vision. Neue deutsche Malerei.* Berlin 1984, S. 30–32.
[4] Hans Magnus Enzensberger: *Das Ende der Konsequenz.* In: Ders.: *Politische Brosamen.* Frankfurt/Main 1982; siehe hierzu auch Odo Marquard: *Abschied vom Prinzipiellen. Philosophische Studien.* Stuttgart 1981.
[5] Am 19. 12. 1969 fand dann im Städtischen Theater Eindhoven als „Liebeserklärung" eine Aktion unter dem Titel „Ich werde nicht dulden, daß ihr mich allein laßt. LIDL" statt. Siehe *Hier und jetzt: Das tun, was zu tun ist",* a. a. O., o. S.
[6] Gustav Schwab (d. i. Harald Szeemann): *Immendorff am Scheideweg.* In: Kat. *von hier aus. Zwei Monate neue deutsche Kunst in Düsseldorf.* Köln 1984, S. 64–66.

Kunst der Nation

Zuerst erschienen in *Hans Haacke – Bodenlos,* Kat. des Deutschen Pavillons der Biennale Venedig, hrsg. von Klaus Bußmann und Florian Matzner. Stuttgart 1993. Überarbeitet.

[1] Patrick Waldberg: *Der Surrealismus.* Köln 1965, S. 21 f.

[2] Helmuth Plessner: *Die verspätete Nation. Über die politische Verführbarkeit bürgerlichen Geistes* (1959). Frankfurt/Main 1974; Fritz Stern: *Kulturpessimismus als politische Gefahr. Eine Analyse nationaler Ideologie in Deutschland.* München 1963.

[3] Lawrence Alloway: *The Venice Biennale 1895–1968. From Salon to Goldfish Bowl.* Greenwich, Connecticut, 1968; Annette Lagler: *Biennale Venedig. Der deutsche Pavillon 1948–1988.* In: Jahresring. Jahrbuch für moderne Kunst, Bd. 36, München 1989, S. 78–133; dies.: *Biennale Venedig. Der deutsche Beitrag und seine Theorie in der Chronologie von Zusammenkunft und Abgrenzung.* Diss. TH Aachen 1991.

[4] Katalog *1893, L'Europe des peintres,* Paris, Musée d'Orsay 1993.

[5] Zur Baugeschichte siehe Lagler 1989, S. 81–86.

[6] So im Nachwort zu seinem Essay *Das Kunstwerk im Zeitalter seiner technischen Reproduzierbarkeit.*

[7] Jürgen Habermas: *Strukturwandel der Öffentlichkeit. Untersuchungen zu einer Kategorie der bürgerlichen Gesellschaft.* Neuwied/Berlin 1962; Karl Heinz Bohrer: *Nach der Natur. Über Politik und Ästhetik.* München/Wien 1988; Walter Grasskamp: *Die unästhetische Demokratie. Kunst in der Marktgesellschaft.* München 1991.

[8] Wolfgang Fritz Haug: *Kritik der Warenästhetik.* Frankfurt/Main 1971, S. 38 f.

[9] Lagler 1991, S. 179.

[10] Lagler 1991, S. 121 ff.

[11] Paul Ortwin Rave: *Kunstdiktatur im Dritten Reich,* hrsg. von Uwe M. Schneede, Berlin o. J., S. 73; Armin Zweite: Franz Hofmann und die Städtische Galerie. In: Peter-Klaus Schuster (Hrsg.): *Die ‚Kunststadt' München 1937. Nationalsozialismus und ‚Entartete Kunst'.* München 1987, S. 261–288, insb. S. 263.

[12] Lagler 1991, S. 191 ff.; Lagler 1989, S. 91 f. und 106.

[13] Siehe hierzu den Essay *‚Entartete Kunst' und documenta I. Verfemung und Entschärfung der Moderne* in meinem Buch *Die unbewältigte Moderne. Kunst und Öffentlichkeit.* München 1989, S. 76–119.

[14] Lagler 1991, S. 199 f.; Lagler 1989, S. 99 f.

[15] Siehe hierzu den Essay *Die Wiedervereinigung der Kunst* in meinem Buch *Die unästhetische Demokratie* a. a. O.

[16] Siehe hierzu das Gespräch Hans Haackes mit dem Verf.: *„Ein schöner Mäzen!"* In: Kunstforum International Bd. 44/45, Mai 1981, S. 152–173.

[17] Wally Olins: *Corporate Identity. Strategie und Gestaltung.* Frankfurt (Main)/New York 1990.

Gegendemonstration

Laudatio zur Verleihung des „Neuen Preises“ des Neuen Aachener Kunstvereins an den Aachener Wandmaler am 24. April 1989. Zuerst erschienen in: Volker Plagemann (Hrsg.): *Kunst im öffentlichen Raum. Anstöße der 80er Jahre.* Köln 1989. Leicht veränderter Nachdruck. Der Aachener Wandmaler lebt und malt heute in Köln.

[1] Klaus Bußmann: *Zwei Skulpturen-Ausstellungen in Münster. Eine Bilanz.* In: Walter Grasskamp (Hrsg.): *Unerwünschte Monumente. Moderne Kunst im Stadtraum.* München 1989, S. 129–139.

[2] Eduard Beaucamp: *Versöhnt.* In: Frankfurter Allgemeine Zeitung, 4. April 1989, S. 27.

[3] Jürgen Harten im Kat. *Edward und Nancy Kienholz – 1980's.* Kunsthalle Düsseldorf 1989, S. 7.

Kulturrevolution von oben

[1] Kat. Jeff Koons. Amsterdam, Aarhus und Stuttgart 1992/93.

[2] Eduard Beaucamp: *Die Nachhut will Vorhut werden. Ruhmsüchtiger Filou: Der Amerikaner Jeff Koons im Amsterdamer Stedelijk-Museum.* In: Frankfurter Allgemeine Zeitung, 23. Dezember 1992, S. 27.

[3] Allan Schwartzman: *The Yippie-Yuppie Artist.* In: Manhattan, Inc., Dezember 1987, S. 137–143.

[4] Konrad Farner: *Gustave Doré, der industrialisierte Romantiker.* (1962) München 1975; Klaus Herding: *„Mir gefällt die Idee einer industriellen Kunst“ – Andy Warhol's ‚Flower Pictures‘ vor dem Hintergrund eines Stoffdrucks von 1863.* In: Ulrich Bischoff (Hrsg.): *Romantik und Gegenwart.* Festschrift für Jens Christian Jensen. Köln 1988, S. 81–86.

Abbildungsverzeichnis und Fotonachweis

Abb. Seite 151: Hans Haacke: *Germania*, 1993 (Foto: Roman Mensing)

Abb. Seite 155: Wandgemälde Aachen, 1979 (entfernt)

Abb. Seite 156: Wandgemälde Aachen, 1979 (entfernt)

Abb. Seite 157: Wandgemälde Aachen, 1981 (entfernt)

Abb. Seite 158: Wandgemälde Aachen, 1978 (entfernt)

Abb. Seite 168: Jeff Koons: *Art Magazine Advertisement – Classroom*, 1988/89, Lithographie, 114 × 94 cm (Foto: Galerie Max Hetzler)

Abb. Seite 170: Jeff Koons: *Art Magazine Advertisement – Seals*, 1988/89, Lithographie, 114 × 94 cm (Foto: Galerie Max Hetzler)